"Oye y ten entendido, hijo mío el más pequeño, que es nada lo que te asusta y aflige. No se turbe tu corazón, no temas esa ni ninguna otra enfermedad o angustia. ¿Acaso no estoy aquí yo, que soy tu madre? ¿No estás bajo mi sombra? ¿No soy tu salud? ¿No estás por ventura en mi regazo…" Santa María de Guadalupe a San Juan Diego, 12 de Diciembre de 1531

"La libertad, Sancho, es uno de los más preciosos dones que a los hombres dieron los cielos; con ella no pueden igualarse los tesoros que encierra la tierra ni el mar encubre; por la libertad así como por la honra se puede y debe aventurar la vida, y, por el contrario, el cautiverio es el mayor mal que puede venir a los hombres." Don Quijote de la Mancha.

"Cristo nos libertó para que vivamos en libertad. Por lo tanto, manténganse firmes y no se sometan nuevamente al yugo de esclavitud." Gálatas 5:1

Cuando llegué a México hace trece años un amigo me recomendó el libro La Historia Verdadera de la Conquista de la Nueva España de Bernal Díaz del Castillo y de su lectura nació una idea: Visitar los lugares más importantes que aparecen en el libro.

Por lo tanto, el libro que tienes en las manos no es un trabajo científico, ni una investigación, sino que es un diario nacido de una sana locura y de una búsqueda personal.

Aunque muy pocos mexicanos y españoles parecen conocerlo, hasta la llegada de sus Independencias, la España y la Nueva España eran los países más importantes e influyentes del mundo.

Si algo comprobaré en estos trece años siguiendo las huellas de Hernán Cortés, Moctezuma, Cristóbal Colón, y otros personajes históricos, es que la gloria pasada de ambos países siguió viva hasta hoy en su gastronomía, su cultura y sus gentes.

Por ser un diario este libro contiene muchos mitos, muchos sueños y también muchas fantasías, y por esto, como todos mis libros anteriores, Un Viaje Maravilloso debe ser considerado un libro del género del Realismo Fantástico

El Señor Jaguar

Después de terminar mi libro La Profecía de los Jaguares me tomo unos días de descanso en Santa Catarina Lachatao, en el municipio de Ixtlán, en la Sierra Juárez de Oaxaca, México.

Cual será mi asombro cuando al llegar al centro del pequeño pueblo me recibe un señor que los vecinos conocen como el Señor Jaguar, quién me invita, por si fuera poco, a visitar el Cerro del Jaguar o Cerro del Rayo o Xia Yeetza en zapoteco.

La iglesia de Lachatao está abandonada y sus imágenes se deterioraron o fueron profanadas y lo más peculiar es que su altar principal, en lugar de estar consagrado a un Santo, la Virgen María o Cristo, está decorado por un extravagante búho metálico.

Este búho plateado representa a Moloch Baal, Dios de la Muerte babilónico, a quién los griegos y los romanos identificaban con Cronos o Saturno, hoy conocido como Satanás.

El búho de la iglesia de Lachatao, Oaxaca, México.
Foto: Chico Sánchez

Atribuyo esta extraña circunstancia a que Lachatao se encuentra muy cerca de Guelatao de Juárez, localidad en la cual nació el presidente mexicano Benito Juárez, un reconocido masón.

En los tiempos turbulentos que vivió México después de su Independencia la iglesia fue profanada y en muchas imágenes los dedos anular y corazón de los santos fueron arrancados para que "pongan los cuernos" haciendo el "cornuto" símbolo del satanismo y Satanás.

Los dedos anular y corazón han sido arrancados para que hagan el "cornuto".
Iglesia de Lachatao, Oaxaca, México Photo: Chico Sánchez

Sin embargo, para evitar los comentarios de los maliciosos y los malintencionados, he de aclarar que los vecinos de Lachatao no tienen, por supuesto, nada que ver con este asunto del satanismo, y de hecho están buscando financiación para poder restaurar sus santos y su iglesia.

Una imagen de San Juan vestido de mujer sosteniendo una pluma trae a mi mente el capítulo Un Documento Exacto de mi libro La Profecía de los Jaguares (Pag 91) en el que un descendiente de los mayas Itzáes me explica que "para tener éxito deberé ser muy respetuoso y neutral, que soy escogido y que por eso todo deberé hacerlo conforme a la guía que me den, me hablarán en sueños, me guiarán con señales y me darán energía los grandes personajes. La pluma contiene en ella misma todo lo que contiene el bosque."

La pluma contiene en ella misma todo lo que contiene el bosque. Imagen de San Juan vestido de mujer y sosteniendo una pluma. Iglesia de Lachatao, Oaxaca, México.

Observando la pluma de San Juan me pregunto en silencio: ¿Será esta pluma una señal de que debo escribir otro libro?¿Será esta pluma una invitación a seguir escribiendo?

La respuesta llega minutos después cuando nuestro guía, el Señor Jaguar, nos muestra la puerta del templo, traída desde España en tiempos de la Nueva España, y veo que misteriosamente tiene en ella como sello los dos símbolos más importantes de mi libro La Profecía de los Jaguares: ¡La pluma y el jaguar!

La puerta de la iglesia de Lachatao, Oaxaca, México, traída desde España durante el tiempo de la Nueva España, trae grabada la pluma y el jaguar. Foto: Chico Sánchez

El Caballero Águila

Pocos meses después una extraña sucesión de casualidades me lleva a presentar mi libro La Profecía de los Jaguares en la Casa del Caballero Águila de San Pedro Cholula, en Puebla, México.

La Casa del Caballero Águila de San Pedro Cholula es un gran ejemplo de mestizaje y mezcla de razas ya que su nombre une al caballero español y al guerrero águila mesoamericano. Símbolos de dos culturas, la indígena y la española, que unidas como España y Nueva España, controlaron un imperio en el que no se ponía el sol.

Mestizaje que se puede encontrar también en el nombre de San Pedro Cholula, por ejemplo, que combina el nombre católico con el indígena, detalle que podemos ver en muchos otros pueblos mexicanos como San Juan Teotihuacán, Santiago de Querétaro, Santiago Xalitzintla, etc

San Pedro Cholula se encuentra cerca del Popocatépetl, un volcán conocido como Don Goyo debido a la leyenda de Gregorio Chino Popocatépetl, un vecino del pueblo de Santiago Xalitzintla, en San Nicolás de los Ranchos, a doce kilómetros del volcán, quién contaba que el espíritu personificado del Popo se le aparecía para anunciarle cuando tendría actividad.

Por esos misterios que tiene la vida, como los cuentos y los sueños se hacen realidad, en el camino de regreso a la Ciudad de México, el volcán Popocatépetl nos regala una erupción en la que aparece ¡un personaje con casco de guerrero águila mesoamericano y barba de caballero español!¡Don Goyo nos acaba de enviar la imagen de un Caballero Águila!

El guerrero águila que nos regala el volcán Popocatépetl. Foto: Chico Sánchez

Los jaguares

Igual que muchos pueblos mesoamericanos se convirtieron a la religión católica poniéndole nombre de santos a sus pueblos, también sus sacerdotes identificaron a los dioses prehispánicos con los ángeles y santos cristianos.

Tengo que dar gracias a Dios porque me ha concedido una suerte extraordinaria y sin necesidad de drogarme, emborracharme o ver películas, he vivido una vida llena de magia, aventuras y misterios.

La noche después de presentar mi libro en la Casa del Caballero Águila le pido a unos amigos que me lleven a la pirámide de Cholula y estos me dicen que no será posible porque de noche la reja de acceso está cerrada.

Como probar no cuesta nada le pido a mis amigos que nos acerquemos a la reja de entrada de la pirámide por si sucede un milagro y la encontramos abierta.

Cuando llegamos a la pirámide, ¡milagro!, nos encontramos con la grata sorpresa de que la reja está abierta y subimos hasta el Santuario de la Virgen de los Remedios que se encuentra en la cima de la pirámide.

Una vez arriba, mientras observo admirado los dos arcángeles labrados en piedra que custodian el santuario, un amigo llamado Bernabé me explica que estos dos arcángeles fueron identificados por los sacerdotes con los dos jaguares que, según la tradición cholulteca, custodian el santuario.

Todavía hoy muchos pueblos mexicanos relacionan a sus dioses prehispánicos con los arcángeles, y así Huitzilopochtli, el Señor del Sur, es el Arcángel Gabriel, Tonantzin, el Señor del Norte y la tierra, es el Arcángel Uriel, Tlaloc, el Señor del Oriente y del agua, es el Arcángel Gabriel, y el Señor del Poniente, Ehécatl, deidad del viento, es el Arcángel Rafael.

Cuando termina mi visita a San Pedro Cholula un amigo me pide que me quede unos días más para pasar los días de Navidad con él y su familia. Me agrada su proposición y reservo por teléfono unas cuantas noches más en mi hotel.

Sin embargo, cuando me encuentro en la recepción del hotel, una extraña inquietud me invade y una fuerte premonición me dice que debo abandonar Cholula y regresar inmediatamente a la Ciudad de México.

Mi presentimiento es tan fuerte que cuando estoy a punto de pagar el hotel cancelo mi reserva y me encamino hacía la estación de autobuses para regresar a la Ciudad de México.

Como no podía ser de otra manera, cuando voy saliendo de Cholula, Don Goyo Popocatépetl, que ya nos regaló un imponente Caballero Águila, nos despide con una gran erupción que forma dos enormes columnas de humo: ¡Que parecen las cabezas de dos jaguares!

Las cabezas de Jaguares que nos regala el Popocatépetl y los dos ángeles guardianes del Santuario de los Remedios sobre la pirámide de Cholula.
Foto: Chico Sánchez

El aviador retirado

Antes de partir a la estación de autobuses de Cholula pasé por la Parroquia de San Pedro donde contemplé dos enormes cuadros del Arcángel San Miguel y el Ángel de la Guarda que me dejaron impactados por su gran tamaño.

Con la imagen de estos dos enormes ángeles en la mente subo al autobús y junto a mí se sienta un señor bastante extraño, de ojos azules muy claros y muy saltones, que se presenta como un aviador retirado y "conocido mundialmente".

Según me explica el motivo de su fama es porque siendo piloto de aviación comercial logró recuperar 17 veces el control de su avión evitando su caída en picada salvando miles de vidas.

Después de decirme que no le importa lo que yo piense, me dice que él sabe que sin Dios nunca hubiera podido levantar esos aviones, porque no hay fuerza humana que pueda levantar un avión cayendo en picada.

Aunque la gente ignorante no lo crea, no fueron mis brazos los que levantaron el avión, me dice mirándome con los ojos muy azules y muy saltones.

El señor me cuenta que cada vez que el avión entraba en picada él oraba y le pedía ayuda a Dios. Milagrosamente las 17 veces logró recuperar altura y reanudar su vuelo con normalidad.

Sin dejarme hablar, el señor me dice que cuando conocen a Dios los hombres dejan de ser como un rebaño de cerdos o una manada de hienas para convertirse en águilas y jaguares.

Es comprendiendo la naturaleza de la Creación como los seres humanos toman conciencia de lo Eterno y dejan de ser un grupo de zopilotes o buitres luchando por la carroña. Comprendiendo lo Eterno los seres humanos se convierten en seres poderosos que, como el águila, logran una visión infinita y pueden mirar directamente al sol sin ser cegados por su luz.

Los hombres sabios, los que conocen a Dios, son como el águila o el jaguar y no tienen miedo a la soledad. Y no le tienen miedo a la soledad porque conocen que su fuerza viene de lo Eterno y no se sienten separados de la Naturaleza de Dios.

Cuando tiene que renovarse, el águila se va a una montaña, muda todas las plumas, su pico, sus uñas y después de un doloroso tiempo de tribulación el águila vuelve a los cielos con más fuerza, más joven y completamente renovada.

Según el extraño señor el hombre que conoce a Dios es como el águila y el jaguar, animales que siempre saben donde ir y que hacer, porque el que conoce a Dios es rey de su propia mente, de su propia alma y de su propio corazón.

Con tono severo y firme el extraño señor vuelve a repetir que muchos lo admiran por sus hazañas, pero que él no fue quién evitó los 17 accidentes salvando las vidas de miles de personas: "No tengo ningún mérito porque fue mi fe la que hizo los milagros. No fui yo quién levantó esos aviones, porque no hay fuerza humana que pueda levantar un avión."

Mientras lo escucho las dos enormes imágenes de San Miguel Arcángel y del Ángel de la Guarda vienen a mi mente y cual será mi sorpresa cuando el misterioso personaje, como si estuviera leyendo mi mente, me dice sonriendo que "así de grandes son los ángeles."

En ese momento asombrado, perplejo y estupefacto me pregunto: ¿Qué está pasando?¿Quién es este hombre?¿Cómo ha leído mis pensamientos?¿Cómo ha visto las imágenes de los dos arcángeles que estaba proyectando en mi mente?

Sin dejarme responder el extraño señor de ojos muy azules y muy saltones me dice que los ángeles son enormes, muy grandes y que todos tenemos nuestros ángeles, y que todos podemos invocarlos, pero que si nos olvidamos de ellos y dejamos de creer en su existencia entonces ellos dejan de acudir a nosotros abandonándonos a nuestra suerte.

Si los olvidamos, cuando estemos en problemas los ángeles ya no regresarán, porque una vez que se pierde la Fe ya los ángeles no regresan.

Dicho esto, mirándome con un extraño brillo en los ojos, el señor comienza a hablarme de la Biblia dándome unas explicaciones tan sabias y precisas que me deja sin palabras.

El señor, que tiene un peculiar sentido del humor, me pregunta cual es mi trabajo y cuando le digo que soy escritor, me dice que si he publicado una sola copia de mi libro o muchos de ellos.

Cuando le respondo que se imprimieron varios miles el señor me pide que le de mi número de teléfono con la promesa de que al día siguiente me llamará ¡para comprármelos todos!

Riéndose a carcajadas el señor saca un teléfono de los más sencillos y baratos que existen, que en México llaman "tamagochis", anota mi número, me lo muestra en su teléfono y me pregunta:¿Está bien escrito tu nombre?

Cual será mi sorpresa cuando en la pantalla del teléfono veo que el señor ha anotado: "Chico Ángel".

Como se que no soy un ángel me pregunto: ¿Qué quiere decir este hombre con ese mensaje?¿Acaso quiere decirme que él es un ángel?¿O simplemente se está burlando de mí?

Mientras yo ando perdido en estos pensamientos el señor guarda su teléfono y sonriendo me dice: "Tú a mí no me engañas, tú debes ser un ángel, a mí Dios siempre me envía ángeles para que me acompañen en los viajes de autobús." ¡Y vuelve a reírse a carcajadas!

En ese momento, verdaderamente perplejo, me siento como el protagonista de una historia mística, una especie de Odisea, y pienso que, en algún lugar del cielo los dioses estarán divirtiéndose mientras observan mi confusión, mi sorpresa y mi incapacidad para hablar.

Los Milagros

El viaje continúa y el señor de ojos muy azules y muy saltones me cuenta varias historias impresionantes. Historias que todos hemos vivido a lo largo de nuestras vidas pero que preferimos olvidar porque tenemos miedo al qué dirán.

En su primera historia el señor me cuenta que mientras nadaba con un amigo en el mar la corriente los arrastró trescientos metros mar adentro en medio de un fuerte oleaje.

Tras un largo tiempo luchando contra la corriente, cuando las fuerzas le habían abandonado y ambos se daban por perdidos llegaron hasta ellos dos ancianos, muy sonrientes y muy fuertes, que los sacaron del agua con gran facilidad dejándolos acostados en la orilla de la playa.

Escupiendo agua, extenuado y tendido en la arena sin poderse mover, el señor me cuenta que vio a los ancianos alejarse caminando por la playa pero que: ¡Sus pasos no dejaban huellas en la arena!

En otra ocasión el señor tuvo un derrame cerebral y lo llevaron a la unidad de vigilancia intensiva de un hospital público. Era invierno y el hospital, por falta de recursos, no tenía ni mantas, por lo cual sentía un frío terrible. Junto a él había otro enfermo, también destapado, sin conocimiento y entubado.

Casi inconsciente y muerto de frío escuchó a los médicos hablando de que su caso no tendía solución y que, probablemente, moriría esa misma noche.

Negándose a aceptar el diagnóstico de los doctores recordó las 17 veces que logró rescatar el avión y pidió a Dios, con toda su fe, que lo sanara y le quitara aquel frío terrible que sufría.

En ese momento llegó una enfermera que le preguntó si necesitaba algo y él le pidió que le consiguiera unas mantas, prometiéndole que, como tenía dinero, se las pagaría muy bien.

La enfermera aceptó y lo cubrió con dos cobertores pero él, recordando al señor inconsciente y entubado que estaba junto a él, le pidió a la enfermera que le pusiera una de las dos mantas a su vecino.

Esa noche, con las pocas fuerzas que le quedaban, rezó a Dios y le pidió el milagro de su curación.

El milagro sucedió y a la mañana siguiente el doctor le hizo nuevas pruebas y en ellas apareció que estaba completamente curado.

Atónitos y asustados, los médicos le dieron el alta y milagrosamente ese mismo día pudo regresar a su casa.

Justo antes de dejar el hospital el señor preguntó al médico por la enfermera que le había traído las mantas para pagarle, pero el médico le dijo que, primero, en la habitación no había entrado ninguna enfermera porque él había estado de guardia toda la noche, segundo, las cobijas que le trajo la supuesta enfermera no pertenecían al hospital y tercero, era imposible que él hubiera hablado con una enfermera porque llegó con un derrame cerebral que le había hecho perder el habla.

Después de contarme estos milagros el señor me dice que en el mundo material podemos tener muchos conocimientos, que podemos hacer grandes máquinas y diseñar sofisticada tecnología, pero que hay un poder superior, que no podemos imaginar y que jamás podremos controlar.

Súbitamente, el semblante del señor cambia y me dice, con mucha severidad, que no tome sus palabras en vano ni me burle de él, porque si me burlo de él me estaré burlando de Dios.

Y así, mirándome fijamente a los ojos con sus ojos muy azules y muy saltones, el señor me dice que no olvide que Dios pide obediencia y que a Dios no le gustan los cobardes.

La dureza de su rostro y la seriedad de su semblante hacen que sus últimas palabras se graben profundamente en mi mente: …Dios pide obediencia…a Dios no le gustan los cobardes…Dios pide obediencia…a Dios no le gustan los cobardes…

Por si no estoy bastante perplejo, confundido y asustado, el extraño señor de ojos azules muy claros y muy saltones se levanta, se despide de mí y se baja del autobús. ¿Pero cómo es posible esto?¡Si el autobús acaba de salir!

Quedo paralizado cuando comprendo que el viaje entre Cholula y México, que siempre se me hace larguísimo y muy pesado, ha pasado tan rápido que pareciera que hubiéramos llegado en sólo minutos. ¡Es como si hubiéramos viajado en el tiempo!

Los caminos

Dice un refrán que todos los caminos llevan a Roma pero en mi vida todos los caminos parecieran llevar a México.

Y una prueba de ello se demostrará cuando peregrino hasta la tumba del Apóstol Santiago en Santiago de Compostela, la ciudad del campo de estrellas, en la tierra de los galos o celtas, Galicia.

Mi Camino de Santiago comienza en el Nº2 de la Calle de Santiago de Astorga, en León, España, una casa colonial que, por una extraña razón, me resulta muy familiar.

Antes de comenzar mi peregrinación recibo un abrazo de mi gran amigo Pedro Lorente, dueño de la Casa del Peregrino, a quién Dios se llevó al cielo recientemente.

Dios nos guía con intuiciones, nos ilumina con presentimientos y nuestras premoniciones son señales que nos avisan de cual es nuestro camino. Por muy loco, absurdo o peligroso que parezca, si tu espíritu lo anhela y sabes que tienes que hacerlo, debes escuchar la voz del corazón.

Lo que deseamos de corazón, lo que nuestra alma anhela, es encontrar nuestro camino y cumplir nuestra misión, y por eso si uno acepta su Destino la vida se convierte en un acto sagrado.

Hace trece años, cuando puse mi intención en buscar las huellas de Hernán Cortés y Moctezuma, me hice muchas preguntas como: ¿Qué sucedió hace cinco siglos para que unos pocos cientos de españoles lograran derrotar a decenas de miles de guerreros del hasta entonces nunca derrotado ejercito mexica?¿Y qué hizo posible que tan pocos españoles convirtieran a tantos mexicanos al catolicismo?

Cuando se desea algo se logra y cuando se teme algo se sufre. Y por eso, como dice el refrán, quién busca encuentra.

Es por eso que mi deseo de encontrar a Hernán Cortés me llevará, sin planearlo, a encontrar sus huellas en lugar menos esperado y de la forma más extraña.

Con la idea de hacer un reportaje sobre la Semana Santa, comienzo a buscar habitación en muchas ciudades del norte de España y todos los hoteles están completos o piden un precio demasiado exagerado que no puedo costear.

Cuando estoy a punto de rendirme hago una última llamada y la Fortuna hace que encuentre dos habitaciones en la Casa de Tepa, en Astorga, León.

Pensando que valdrá la pena regresar a Astorga para saludar a mi gran amigo Pedro Lorente y regalarle mis libros de fotografía México Alma Natural y México Alma Esencial, hago la reserva.

Cual será mi sorpresa cuando al llegar veo que la Casa de Tepa está en el Nº2 de la Calle Santiago. ¡Justo en el lugar donde años atrás empezó mi Camino De Santiago!

Una vez en el hotel un señor con bigote a lo quijote observa mis libros y exclama: ¡Hombre!¡Mexicano!¡Bienvenido paisano! ¿Bienvenido paisano?¿Pero ahora resulta que este hombre va a ser mexicano?

Dicho esto el señor, que se presenta como descendiente de mexicanos, me lleva ante un cuadro del más ilustre personaje de su familia, el famosísimo

Conde de Tepatitlán de Morelos. ¡El nombre de Tepa es una abreviatura de Tepatitlán!¡El dueño de esta casa era mexicano!

Después de esto el señor nos lleva hasta otro recuerdo familiar: El primer mapa de la Ciudad de México que fuera trazado por su famosísimo antepasado el Conde de Tepatitlán.

Observando el mapa de la ciudad donde vivo ahora me pregunto: ¿Cómo es posible que de todos los hoteles de España haya encontrado habitación en uno que pertenece a un mexicano y que ese mexicano sea, precisamente, del famoso Conde de Tepatitlán?

Quizá el misterio está en que muchos años atrás quise encontrar las huellas de Hernán Cortés y según algunos historiadores: ¡El Conde de Tepatitlán fue el hijo de Doña Marina o Malintzin y el conquistador Hernán Cortés!¡Que forma más milagrosa de encontrar un buen capítulo para mi libro!

Sombra de penitente con forma de vela. Semana Santa. Astorga. León, España. Foto: Chico Sánchez

El Cristo Negro

Para continuar mi búsqueda organizo una visita al Real Monasterio de Santa María de Guadalupe, en la provincia de Cáceres, Extremadura, España, donde en 1486 y 1489 los Reyes Católicos recibieron a Cristóbal Colón justo antes del descubrimiento de América.

Sin embargo el Destino tiene su propios planes y la Fortuna hace que una larga sucesión de casualidades me obligue a cancelar mi viaje a Guadalupe y tenga que quedarme en la ciudad de Cáceres.

El "culpable" de este retraso es el misterioso Cristo Negro de Santa María de Jesús de la Concatedral de Cáceres, un Cristo que se cree que fue traído a España desde Alemania por unos Caballeros Templarios que huían de la persecución que ordenó el Rey de Francia en el Siglo XVI.

La Fortuna hace que al entrar en la Concatedral me atiendan los hermanos Alonso y Antonio Corrales Gaitán quienes me citan al día siguiente para compartir conmigo información sobre la Semana Santa cacereña.

Al día siguiente, mientras espero la llegada de los hermanos Corrales, le pregunto a un vecino si se permite acercarse al altar del Cristo Negro para tomar fotografías y mirando para todos lados el señor me dice que mejor espere porque el guardián del Cristo Negro es muy celoso y no deja que nadie se acerque a su altar.

Decidido a ayudarme el señor hace un plan y me dice que regrese a la hora del almuerzo y así mientras el guardián del Cristo Negro almuerza podré acercarme al altar a tomar las fotos mientras él vigila en la puerta su llegada.

La situación me parece muy divertida y el celo del guardián del Cristo Negro muy acertado, hay mucho loco suelto en nuestros días, y siempre hay un demonio dispuesto a profanar la imagen de Cristo.

Sin embargo nuestro plan no será necesario ya que pocos minutos después, el "temido" y "celoso" guardián del Cristo Negro, actuando como si me conociera de toda la vida, llega hasta mí, me hace un gesto con la mano para que lo siga: ¡Y me invita a que me acerque y le tome fotos al Cristo!

Es hermoso creer en la magia de la vida y en que todos somos importantes en nuestra misión. ¿No es hermoso pensar que mi destino era fotografiar a este Cristo y que el destino de su guardián era esperar mi llegada para fotografiarlo?

Casualidad o no, esta anécdota hace que me pregunte: ¿Cuántos guardianes habrá esperándonos para abrirnos puertas y nosotros nunca llegamos porque no nos atrevemos a cruzarlas?

El Cristo Negro de Santa María de la Concatedral de Cáceres. Foto: Chico Sánchez

La pareja maya

Caminando por la ciudad Medieval de Cáceres con mi compañera Leticia Ugalde, una mexicana con sangre purépecha que está conociendo por primera vez la patria de su abuelo, que era español, llegamos hasta un palacio cuyo escudo reza: Palacio de los Toledo-Moctezuma. ¡Los Moctezuma tenían un palacio en Cáceres!

Lo más sorprendente del Palacio de los Toledo-Moctezuma es que está custodiado por un guardia de seguridad que tiene los mismos rasgos de los mexicanos que me encuentro cada día en la Ciudad de México: ¡Este hombre tiene unos rasgos totalmente mexicanos!¡Parece la reencarnación de Moctezuma!

Los mexicanos son una raza nacida de la unión de dos pueblos y de dos sangres, la española e indígena, y este hombre es un gran ejemplo de ello.

El hermoso palacio perteneció a Doña Isabel Moctezuma Tecuixpo Iztlaxóchitl, hija del tlatoani mexica Moctezuma Xocoyotzin, y según el investigador José Miguel Carrillo de Albornoz existe registro oficial en España de 200 familias descendientes de Moctezuma y más de 2000 descendientes directos del tlatoani mexica.

Leticia paseando por la torre del Palacio de los Toledo Moctezuma. Foto: Chico Sánchez

Después de visitar el palacio de los Moctezuma llegamos a una panadería decorada con una "ese olmeca", uno de los símbolos más antiguos de la cultura madre mesoamericana, y decidimos pasear en busca de más símbolos prehispánicos.

Unas cuadras más adelante llegamos al Palacio Episcopal de Cáceres en cuya fachada vemos dos esculturas con los bustos de una pareja indígena muy peculiares. Observando a estos dos indígenas me pregunto: ¿Quiénes serán estos dos personajes?¿Fueron quizá una pareja de mexicanos?

En la izquierda, grabado en piedra, está esculpido un hombre de rasgos indígenas y ojos achinados, con la extraña peculiaridad de que, a diferencia de la mayoría de los indígenas, el hombre tiene barba.

En la derecha, grabada en piedra, hay una mujer también indígena, su esposa, que lleva un penacho de plumas y los pechos adornados con el símbolo del "8" tendido.

Sabiendo que esta pareja tuvo mucha influencia, riqueza y poder me pregunto: ¿Fueron esta pareja indígena dos nobles mexicanos?¿Fueron quizá descendientes de Malintzín y Hernán Cortés?¿O quizá fueran descendientes de Moctezuma?

El Palacio Episcopal de Cáceres y una Ese Olmeca florida. Fotos: Chico Sánchez

La respuesta la encontraré pocos meses después en el Museo Nacional de Antropología de la Ciudad de México donde, sin buscarlo, encuentro una pequeña pieza de oro con el mismo símbolo del "8" tendido que lleva la mujer indígena del Palacio Episcopal de Cáceres en el pecho.

Símbolo del "8" tendido que encuentro ese mismo día junto a uno de los sacerdotes del mural encontrado en una tumba de la ciudad zapoteca de Ocelotepec, o Cerro del Jaguar, bautizada por los españoles como Monte Albán o Monte Blanco porque siempre estaba cubierta de nubes.

Las piezas del Museo Nacional de Antropología que me ayudan a descifrar el misterio de la pareja indígena del Palacio Episcopal de Cáceres. Foto: Chico Sánchez

Sin embargo, la prueba de que la mujer indígena del Palacio Episcopal de Cáceres era mexicana la encontraré en la ciudad maya de Palenque, en Chiapas, México, cuando en su museo encuentro una pieza de piedra en la que aparece un noble maya que tiene un peinado idéntico al que lleva la mujer indígena del Palacio Episcopal de Cáceres. ¡Esta mujer fue una princesa maya!

La mujer del Palacio Episcopal tiene un peinado típico de los mayas de la zona de Palenque, en Chiapas, Méxi co. Fotos: ChicoSánchez

Las barbas

Resuelto el enigma de la princesa maya del Palacio Episcopal de Cáceres queda otro misterio por resolver: ¿Porqué el indígena del Palacio Episcopal de Cáceres tiene barba si la mayoría de los indígenas no la tienen?

Y es intentando descifrar el misterio de la barba como llego a la fascinante y misteriosa historia del linaje maya Pech.

Pech fue un misterioso hombre blanco que regía uno de los cacicazgos que señoreaban la Península de Yucatán antes de la llegada de los españoles.

En el libro Tras la Pista del Chilam Balam de María Luisa Kirchner se explica que el pueblo yucateco de Motul, conocido por sus famosos huevos motuleños, fue nombrado en honor de este antiquísimo hombre blanco.

El linaje Pech se estableció en Motul por ciento cuarenta años hasta que el guerrero Kak U Pacal lo atacó y arrasó con su población.

Tras el ataque, los supervivientes del linaje Pech huyeron hasta que muchos años después Noh Cabal Pech, miembro de un linaje emparentado con el señor de Mayapán, regresó para repoblar Motul.

Es interesante que la fundación de Mayapán se le atribuye a Kukulkán, quién, igual que el hombre blanco del linaje Pech, fue traicionado por su hermano y huyó prometiendo regresar un día para cobrarse venganza.

Fue Naum Pech, descendiente del cacique de Motul Noh Cabal Pech, quién siglos después en el Chilam Balam o Profecía del Jaguar, anuncio la llegada de los españoles y aconsejó a su pueblo que los recibieran en paz.

El Chilam Balam de Chumayel, libro que registra las profecías de cinco sacerdotes mayas, dice: "Naum Pech llamó a sus descendientes y les dijo, sabed vosotros que Uno Imix se llama el día del mundo en que han de llegar los hombres de los países del Oriente, con barbas largas trayendo al país el signo del Dios Único. Id a recibirlos con verdaderas dádivas."

Agregando después: "Sabed que viene el Dios único al país; el verdadero Dios; por la señal del verdadero Dios vais a nacer; debéis darle la bienvenida; no le hagáis la guerra; pedid prestados alimentos y su bebida: Maíz, pavos, gallinas, miel, frijoles,…"

Y también en el Chilam Balam de Chumayel Nahau o Nahum Pech dice: "En los días que vienen, cuando se detenga el tiempo, padre; cuando haya entrado en su señorío el Cuarto Katún, se acercará el verdadero conductor del día de Dios. Por eso se amarga lo que os digo, Padre, hermanos, del mismo vientre, porque el que os visitará, Itzáes, viene para ser el Señor de esta tierra cuando llegue."

Este anuncio del Chilam Balam coincide con el mito Tolteca que cuenta que el rey Quetzalcóatl, fundador de Mayapán, fue embriagado e inducido por su hermano Tezcatlipoca a cometer incesto con sus propias hermanas, por lo cual, al despertar de su borrachera, avergonzado y humillado, huyó hacia el Oriente prometiendo regresar un día para vengarse y recuperar su reino.

El gran misterio está en que, igual que el misterioso hombre blanco del antiguo linaje Pech, Ehécatl-Kukulkán-Quetzalcóatl aparece representado en el Códice Feyervary-Mayer como un personaje blanco y barbado que carga una cruz.

Ehécatl-Kukulkán-Quetzalcóatl, fundador de Mayapán, en el Códice Feyervary-Mayer

Códice Feyérvary-mayer. Museo de Liverpool. Inglaterra. Dibujo de reproducción.

La señal

Mi viaje continúa en un pequeño pueblo de Granada, Andalucía, España, llamado Villanueva Mesía, donde llego para entrevistar al criador de abejas reinas argentino Alejandro Patricio García.

Sin saberlo, Alejandro se convertirá en uno de los protagonistas más importantes de este libro cuando al terminar la entrevista me recomienda visitar el museo de insectos vivos Cappas Insectozoo, en Vila Ruiva, Cuba, Portugal, para conocer a su fundador, el entomólogo Joao Cappas, quién será clave para descifrar muchos misterios que se cuentan en este libro.

Aunque en un principio no tengo ningún interés en ir a Portugal el Destino entra en acción y un suceso mágico hace que ese mismo día cambie de opinión.

Y es que cuando al terminar la entrevista le digo a Alejandro que vivo en México, este me dice que en la iglesia de Nuestra Señora de la Aurora de Villanueva Mesía está enterrada María Silva de Cisneros Moctezuma, quién falleció y fue sepultada en 1679. ¿Pero esto cómo puede ser?¿Habrá un lugar al que yo vaya y no me encuentre con un Cortés o un Moctezuma?

Este hecho fortuito cambiará completamente mi Destino ya que al ver la tumba de doña María Silva de Cisneros Moctezuma comprendo que la Fortuna debe estar enviándome una señal y debo poner inmediatamente rumbo a Portugal.

Cualquier persona pensaría que ir a Portugal guiado por la intuición y siguiendo una simple señal es una locura. Sin embargo, pocos días después comprobaré que mi decisión fue, sin duda, acertada.

Y es que unos días después cuando entro al museo de insectos vivos Cappas Insectozoo en Portugal, el destino quiere que lleve puesta una camiseta que compré en Chichén Itzá, Yucatán, México, que está decorada con un dios maya y al verla Joao Cappas me pregunta: ¿Vienes a ver los códices?¿Sabías que el personaje que traes en la camiseta es Ah Muzen Cab, dios de las abejas?

Sorprendido le pregunto: ¿Los códices?¿Qué códices? Y entonces Joao nos lleva hasta su museo, que tiene decorado con reproducciones de Códices mayas, y por esos azares que tiene el Destino Joao se convierte desde ese momento en uno de los principales protagonistas de este libro.

Lo que me sucedió en mi primera visita a Joao Cappas lo puedes conocer en mi libro La Profecía de los Jaguares.

Joao Cappas en su museo en Vila Ruiva, Cuba, Portugal. Foto: Chico Sánchez

Las guadalupes

Todos los hechos que comparto en este libro están basados en mi propia experiencia y en descubrimientos que viví en primera persona.

Además, tengo que admitir que fue la Providencia la que, llevándome de señal en señal, me llevó a cada lugar y la mayoría de las veces enormes casualidades hicieron posible que fuera descubriendo las cosas.

Es así como de forma milagrosa y siguiendo las señales llegué a la casa de un descendiente de Hernán Cortés, encontré a varios descendientes de Moctezuma, conocí a algunos de los mayores expertos en la historia de América y logré comprender los códices mayas que había intentado descifrar sin éxito durante años.

Sobre estas señales de la Providencia Marcos 16:17-18 dice: "Y estas señales acompañarán a los que han creído: en mi nombre echarán fuera demonios, hablarán nuevas lenguas; tomarán serpientes en las manos, y aunque beban algo mortífero, no les hará daño; sobre los enfermos pondrán las manos, y se pondrán bien."

Y aunque yo no sepa hacer exorcismos, ni agarre serpientes con las manos, ni beba ningún veneno para no tentar a Dios ni a mi suerte, sí fui guiado por extrañas señales, o casualidades, que me ayudaron a conocer personas sabias, visitar lugares hermosos y desvelar muchos secretos.

La utilidad o inutilidad de seguir las señales y de escribir este libro no la juzgaré yo. Así sucedió todo, así lo dejaré escrito y después el tiempo y Dios dirán.

Pocos días antes de partir hacia Portugal visito con mi hermano Diego la localidad de Chipiona, en Cádiz, Andalucía, España y las señales me confirman que voy por el camino correcto cuando al parar en una tienda para comprar una caja de las famosísimas patatas de chipiona veo un cartel que pone: "Oferta maya".

Sonriendo tomo una foto y comprendo que estas papas no se llaman "mayas" porque se recogieron en mayo, como dicen muchos historiadores, sino que, probablemente, esta papas son mayas porque vinieron de América.

Las papas mayas de Chipiona. Foto: Chico Sánchez

Las señales continúan y al salir del hotel veo con sorpresa que la calle se llama ¡Virgen del Tepeyac!¡Como la Virgen de Guadalupe mexicana!

Chipiona tiene una larga historia en común con los países Iberoamericanos y por eso esta calle, muy cercana al Santuario de Nuestra Señora de Regla, conserva el recuerdo de este pasado común.

Observando la señal que dice Virgen del Tepeyac tomo conciencia de porqué hace poco más de dos siglos, antes que fueran divididas y separadas por sus enemigos, España y Nueva España, hoy México, eran un imperio en el que no se ponía el sol.

La calle Virgen del Tepeyac de Chipiona. Foto: Chico Sánchez

La Morenita

El día antes de partir hacia Portugal las señales continúan cuando mi hermano me lleva a comprar pan a "Algar Sánchez Panadería", una panadería tradicional del pueblo de Algar, en la Sierra de Cádiz, Andalucía, España.

El pueblo de Algar es muy especial para mí porque además de ser el favorito de mi padre, fui muchas veces a tocar el saxofón en sus fiestas con la banda de música de mi pueblo.

¿Cómo podría yo imaginar que tantos años después, al llegar a este hermoso pueblo andaluz, descubriría que su patrona es Nuestra Señora de Guadalupe y que las celebraciones que tanto me gustaban cuando era niño eran las de la Virgen de Guadalupe mexicana?

Nuestra Señora de Guadalupe de Algar, Cádiz, España. Foto: Chico Sánchez

Retrato frente a Nuestra Señora de Guadalupe en Algar, Cádiz,
Andalucía, España. Foto: Leticia Ugalde

Cuenta la historia que el fundador de Algar, el vizconde de Carrión y marqués de Atalaya Bermeja, López de Carvajal, quedó atrapado en una grave tormenta en el mar durante un viaje desde México a España y le prometió a la Virgen de Guadalupe que si llegaba sano y salvo, le fundaría una localidad. La Virgen del Tepeyac le concedió el milagro y cumpliendo su promesa el vizconde fundó la Villa de Santa María de Guadalupe de Algar. ¡Esto explica por qué a la gente de esa zona de la Sierra de Cádiz, en Andalucía, nos dicen que tenemos acento mexicano! Sin salir de mi asombro, ese mismo día recibo otra señal cuando antes de regresar a mi pueblo, Prado del Rey, decidimos visitar el pueblo de El

Bosque, que está también muy cerca de Algar. ¡Y cual será mi sorpresa cuando en la iglesia veo la imagen de Santa María de Guadalupe de Cáceres a la cual visitaré muy pronto coincidiendo con mi viaje a Portugal!

Es impresionante pensar que desde que nací estuve siempre junto a las dos imágenes de Nuestra Señora de Virgen de Guadalupe. ¡Y no me había dado cuenta!

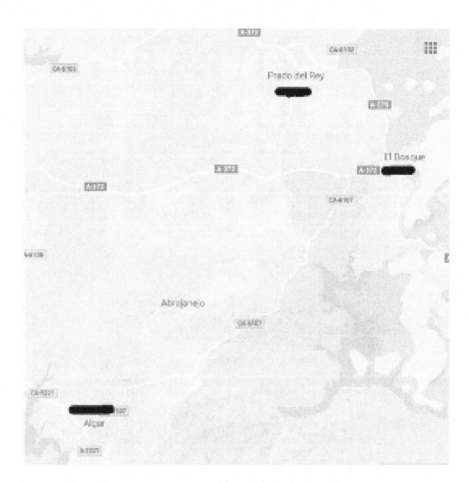

Desde que nací, sin darme ni cuenta, estuve siempre junto a las dos imágenes de la Virgen de Guadalupe. Fuente: Google Maps

El olvidado

El destino manda otra señal y la Asociación Torres de Cáceres me invita a la mesa redonda: "El Extremeño Hernán Cortés en el México actual. Valoraciones de su Legado desde las Dos Orillas del Atlántico". De nuevo, sin buscarlo, México y Hernán Cortés se cruzan en mi camino.

Hernán Cortés es el personaje más marginado y olvidado de la historia. Y esto se debe a que los enemigos de España y de México, han dedicado toneladas de tinta a difamar y destruir su imagen con una falsa Leyenda Negra creada con la intención de mantener a ambos pueblos divididos.

Busto de Hernán Cortés. Hacienda de Cortés, Coyoacán, México. Foto: Chico Sánchez

Sin embargo cuando se leen las crónicas se comprende que es imposible que Hernán Cortés, que contaba con menos de mil hombres, derrotara y destruyera al invencible ejército mexica, el más poderoso de América, que contaba con decenas de miles de guerreros.

Se mire por donde se mire, la ¬¬hazaña fue, una de dos, o un milagro de Dios, o el cumplimiento de una Profecía.

Si bien es innegable que Hernán Cortés fue despiadado con sus enemigos, se suele olvidar que en el tiempo de la llegada de los españoles los mexicas también oprimían brutalmente a sus enemigos.

Y la prueba de esto está en las guerras floridas, unas campañas militares en las que los mexicas capturaban a guerreros, mujeres y niños de otros pueblos para sacrificarlos a sus dioses.

Para estos pueblos, como los tlaxcaltecas o totonacas, que veían como los mexicas capturaban y sacrificaban a sus mujeres e hijas, la llegada de Hernán Cortés, como veremos más adelante con más detalle, fue vista como una liberación.

El cartel de la mesa redonda organizada por la asociación Torres de Cáceres.
Foto: Leticia Ugalde

Los cuatro lagartos

Al día siguiente de participar en la mesa redonda sobre Hernán Cortés ponemos rumbo al Real Monasterio de Nuestra Señora de Guadalupe en la provincia de Cáceres.

Para que el viaje sea perfecto nos alojaremos en la Hospedería del Real Monasterio de Guadalupe. Un lugar que tiene una historia y belleza indescriptibles.

Al viaje me acompaña mi compañera Leticia Ugalde, mexicana de abuela purépecha y abuelo español que soñó desde niña conocer la tierra de su abuelo para reencontrarse con la mitad de su ser. Por llevar sangre española España también es su tierra y su sangre es también mi misma sangre.

El claustro del Real Monasterio de Santa María de Guadalupe. Foto: Chico Sánchez

Después de recorrer el majestuoso claustro del monasterio llegamos a una habitación que me provoca un extraño sentimiento: ¿Qué tiene de especial este lugar?¿Porqué me parece tan familiar?

Lo especial de esta habitación es que en ella los Reyes Católicos Isabel I de Castilla y Fernando II de Aragón, devotos de Santa María de Guadalupe, recibieron a Cristóbal Colón y acordaron con él la financiación del primer viaje a América.

En ese momento, observando la pequeña habitación, todavía no puedo imaginar que pocos días después, en Portugal, descubriré el secreto mejor guardado de Cristóbal Colón.

Durante nuestra visita al monasterio un monje franciscano nos guía por un pequeño pasillo hasta la parte de atrás del altar principal y después de mover una pequeña plataforma la imagen de Santa María de Guadalupe aparece ante nuestros ojos.

Pidiéndonos respeto y silencio el monje comienza a rezar el Ave María y en ese momento pasa algo difícil de creer y que quizá sea una de las historias más extrañas que relato en este libro.

Frente a la imagen de Santa María de Guadalupe una persona, que ha venido blasfemando desde que comenzamos la visita, pareciera haber mutado de forma y su piel se ha puesto negra como la de una serpiente.

Aunque todo esto pueda ser fruto de nuestra imaginación, en la historia hay muchos registros históricos de estos seres serpiente y muchos templos antiguos de todo el mundo están decorados con estos seres reptilianos.

La resistencia a creer en estas cosas es normal en estos días en los que reinan el materialismo y el pensamiento científico. En este mundo de números y estadísticas no queda ya lugar para la imaginación, la magia ni los milagros.

En la Antigua Grecia, por ejemplo, entre estos dragones o serpientes tenemos a Pitágoras, que enseñó a los seres humanos las matemáticas y la prisión de los números, unas matemáticas que nos han convertido en números sin alma y en esclavos de los algoritmos.

Pitágoras viene de "pitón" o serpiente y "ágora", reunión, por lo cual Pitágoras significa "Reunión de Serpientes".

También en Grecia, Dracón de Tesalia, el Dragón de Tesalia, fue quién fundó la democracia, palabra que significa "poder de los demos o demoi". Los demos o demoi, considerados hijos del Demiurgo, eran un pequeño porcentaje de la población ateniense que tenía derecho divino a gobernar.

Es curioso mencionar que los "Demos" fueron los primeros políticos y que es por eso que los griegos bautizaron a los primeros políticos como "demonios".

Dragón de Tesalia, de quién proviene el termino "draconiano", por su brutalidad y crueldad, fue el siniestro demonio que inventó la burocracia, centralizó el poder en las capitales y le dio poder absoluto a los políticos, dejando a los seres humanos en manos de la dictadura de las leyes y el papeleo.

En América las historias de serpientes o dragones son muy numerosas y de ellas ha quedado el terrible legado de los crueles sacrificios humanos que estos dioses serpiente demandaban en lugares como México o Perú.

En Europa, el más conocido de estos dragones o serpientes es Drácula, que significa "Hijo del Dragón", quién fuera un personaje tan cruel que después de empalar a miles de personas en el campo de batalla se sentó a comerse la carne cruda de los moribundos que lo rodeaban.

Según la Biblia esta cábala de personajes malvados y demoníacos, conocidos como los "amos del mundo", gobiernan nuestro planeta desde las sombras y en mi pueblo los llaman "Los cuatro lagartos".

A estos "cuatro lagartos" San Juan los describe en el Apocalipsis como la "Sinagoga de Satanás" y Jesús como "Raza de Víboras" por ser hijos de Satanás, el Dragón o la Serpiente Antigua.

La habitación donde los Reyes Católicos recibieron a Cristóbal Colón en el Real Monasterio de Santa María de Guadalupe. Foto: Leticia Ugalde.

San Bartolo

Nuestro siguiente destino es Vila Ruiva, en Portugal, donde le entregamos a Joao Cappas unas copias de mi libro la Profecía de los Jaguares del cual es uno de los principales protagonistas.

Como mencionaba antes, Joao Cappas lleva décadas estudiando los códices mayas y durante nuestra visita nos comparte los secretos del mural de San Bartolo, en el cual se narra, entre otras cosas, la historia de los cuatro soles mayas.

El mural de San Bartolo cuenta que en el Primer Sol vivieron los Olmecas, ancestros de los mayas, quienes eran hombres que vivían de la pesca. El señor de este sol era Cuervo Marino porque este pájaro es un hábil pescador. Cuervo Marino se ve con la forma de un joven decorado con pinturas de jaguar, lo que indica que viene del inicio del tiempo, del comienzo de todo.
El Señor Cuervo Marino le ofrece al árbol del Oeste un pez en sacrificio y de su ofrenda nace un Segundo Sol en el que los hombres pasan a ser cazadores. El señor del segundo sol se llama Señor Perro porque el perro es un gran cazador.

El Señor Cuervo Marino ofreciendo un pez al árbol del Este en el Mural de San Bartolo, Guatemala.
(Fotografía de una reproducción)

Después el Señor Perro ofrece en sacrificio un venado al árbol del Sur y de esta ofrenda nace el Tercer Sol, cuyo señor tiene por nombre Dos Bellas Flores o Dos Colibríes. Este Señor es el Dios Único del cual se originaron todos los dioses mayas actuales del cual hablaremos profundamente más adelante en este libro.

El Señor Perro ofreciendo un venado al árbol del Sur en el Mural de San Bartolo, Guatemala. (Fotografía de una reproducción)

Los mayas del Tercer Sol vivían del pastoreo de pavos y caminaban por las selvas con grandes grupos de animales, como hacen en Europa con las ovejas o las cabras.
En la representación del mural de San Bartolo el Señor Dos Bellas Flores o Dos Colibríes sacrifica un pavo al árbol del Este y su ofrenda da origen al Cuarto Sol, el actual, que es el de los hombres de maíz, en el que los hombres se convierten en agricultores.

El Señor Dos Bellas Flores o Señor Dos Colibríes ofreciendo un pavo al árbol del Este
en el Mural de San Bartolo, Guatemala. (Fotografía de una reproducción)

Sobre el siguiente cambio de era Joao cree que el mundo no terminará y sólo cambiará y que el Quinto Sol será un regreso a la naturaleza que traerá una nueva era en la que los hombres intentarán reconstruir lo que la industria, la tecnología y el progreso destruyeron.

Para crear a cada nueva generación los señores mayas derraman sangre sobre la tierra con sus órganos reproductores. Es derramando su sangre en la tierra como los señores mayas crean al nuevo hombre, que en realidad representa una generación.

Teniendo en cuenta que en ambos relatos de la creación de una nueva generación se realiza por medio de sangre y tierra podríamos preguntarnos:

¿Hay alguna relación histórica entre el mural de San Bartolo y el mito de la Creación que aparece en el Génesis de la Biblia?

Según Joao Cappas: "Para los mayas la sangre es el agua de la vida. Y Dios formó al hombre con la tierra y su sangre, por lo cual los humanos tienen que devolver la sangre a la tierra para que los Dioses puedan sobrevivir y que así pueda seguir adelante el ciclo de vida y muerte."

Igual que en la religión maya, en el catolicismo los hombres deben derramar su sangre en la tierra y en la Eucaristía de la misa católica se dice: "Tomad y comed, este es mi cuerpo, que será entregado por vosotros. Del mismo modo, tomó el cáliz y se lo dio a sus discípulos diciendo: Tomad y bebed todos de él, porque esta es mi sangre, sangre de la alianza nueva y eterna, que será derramada por vosotros y por muchos para el perdón de los pecados. Haced esto en conmemoración mía."

Esto quiere decir que la creación del nuevo hombre y de la nueva generación, en ambas religiones se realiza derramando la sangre y es también derramando sangre que se renueva la Nueva Alianza.

Cuando los españoles llegaron a América muchos pueblos eran sacrificados contra su voluntad y su sangre era derramada en honor a los dioses mexicas. Con la llegada de Cristo, estos pueblos oprimidos descubrieron a un Dios que, como el de los antiguos mayas, no les demandaba sacrificios sino que él mismo derramaba su sangre por ellos. ¿Fue este el motivo por el cual los mesoamericanos aceptaron a Cristo como su Dios?¿Fue la prohibición por parte de los españoles de los sacrificios humanos lo que hizo que los pueblos oprimidos por los mexicas renunciaran a sus antiguos dioses y adoptaran como suya la nueva religión?

Cristo crucificado. Santiago de Querétaro. México. Foto: Chico Sánchez

Bienvenidos a Cuba

Tras despedirnos de Joao Cappas nos dirigimos al hotel Castelo de Alvito y cual será mi sorpresa al ver una señal que dice: "Bienvenidos a Cuba". ¿Bienvenidos a Cuba?¿Pero cómo es esto?¿Cuba está en Portugal?

En ese momento, contemplando el cartel que dice "Bienvenidos a Cuba", a mi mente viene una idea fascinante: ¿Por qué si Cristóbal Colón era italiano, no le puso Génova, Roma o Florencia a la isla que descubrió?¿Porqué le puso Cuba?¿Es que acaso Colón era portugués y por eso le puso Cuba a la isla que descubrió haciendo honor a su lugar de nacimiento?

Minutos después una señal que dice "Irmãs dominicanas", en español "hermanas dominicas", me lleva hasta otra reflexión muy interesante: Santo Domingo, capital de la República Dominicana, fue fundada en 1496 por Bartolomeo, hermano de Cristóbal Colón, y recordando que "dominicana" es una palabra portuguesa me pregunto: ¿Porqué si Bartolomeo era italiano, como Colón, decidió ponerle a la isla "dominicana", en portugués?¿Porqué no le puso "dominica" en italiano o español?¿No tiene lógica pensar que los hermanos Colón eran portugueses y por eso le pusieron nombres portugueses a los lugares que descubrieron?

Sin embargo aquí no terminarán las dudas ya que podríamos preguntar: ¿Porqué si Cristóbal Colón era italiano se reunió antes con el Rey Juan II de Portugal, quién rechazó su oferta para explotar las recién descubiertas rutas alrededor de África?¿No tiene sentido que, siendo portugués, Colón acudiera primero al Rey de Portugal?

Mi teoría es que Cristóbal Colón era portugués y por eso fue primero a ver al Rey de Portugal. Después, cuando su rey le negó la financiación, Colón escuchó que los Reyes Católicos se encontraban en Guadalupe y cruzó la frontera para pedirles que le financiarán su expedición.

Ese mismo día, despúes de presentar mi libro La Profecía de los Jaguares, Joao Cappas y Raúl Amaro nos invitan a conocer la Iglesia Mayor de Vila Ruiva y observando la pintura de una ceiba, el árbol sagrado de los mayas, pensando en voz alta exclamo: ¡Claro!¡Por supuesto! !¡Eso es una ceiba maya!¡Cristóbal Colón era portugués!

En ese momento, Joao y Raúl, sonriendo en señal de aprobación, me dicen que tengo razón, pero que no sólo Cristóbal Colón era portugués, sino que además: ¡Colón fue bautizado en la iglesia de Vila Ruiva!¡En la iglesia en la que estamos en ese mismo momento!

El último día en Portugal, para guardar un recuerdo de mi "descubrimiento", decido pasar por Cuba con la única intención de poder tomarme una fotografía: ¡En el Café Colón!

Retrato en el Café Colón, en Cuba, Portugal. Foto: diegosax

El sueño

Mi búsqueda continúa en la ciudad maya de Tulum, Yucatán, México, donde visitaré el lugar donde los sacerdotes mayas contemplaron los barcos españoles por primera vez.

Será observando el mar de Tulum, tan celeste como el cielo, donde tomaré conciencia de que el sueño de mi infancia de conocer la tierra de los mayas ya se ha hecho realidad.

Los edificios abandonados hace cientos de años traen a mi mente las palabras de Isaías 34:12-15 sobre el Juicio de las Naciones que dicen:

Sus nobles no tendrán allí
nada que pueda llamarse reino;
todos sus príncipes desaparecerán.
Los espinos invadirán sus palacios;

las ortigas y las zarzas, sus fortalezas.
Se volverá guarida de chacales
y nido de avestruces.
   Las fieras del desierto se juntarán con las hienas,
y las cabras monteses se llamarán unas a otras;
allí también reposarán las aves nocturnas
y encontrarán un lugar de descanso.
   Allí el búho anidará y pondrá sus huevos;
bajo sus alas incubará y cuidará a sus crías.
También allí se reunirán los buitres,
cada cual con su pareja.

Caminando por las ruinas de la ciudad abandonada pienso en el misterio que es que, igual que la civilización descrita por Isaías, Tulum esté habitada hoy por aves, serpientes e iguanas. ¿Será que la historia se repite o estoy contemplando una misma civilización perdida?

Ese día en Tulum contemplando la imagen del dios Ah Muzen Cab, dios de las abejas, representado como un personaje alado que baja del cielo sosteniendo un bote de miel, una idea fascinante viene a mi mente: ¿Sería posible revivir lo que sintieron los sacerdotes cristianos y mayas hace más de quinientos años cuando se encontraron por primera vez en estas tierras?

El Dios Descendiente Ah Muzen Cab, Dios de las Abejas, de Tulum. Museo Nacional de Antropología. Ciudad de México. Foto: Chico Sánchez

Los presagios

Mi búsqueda de lo que vieron y sintieron los sacerdotes mayas y católicos hace quinientos años comienza con una simple pregunta: ¿Cómo fueron capaces unos pocos cientos de españoles, cansados, mal armados, y peor alimentados, de derrotar al poderoso ejército de Tenochtitlán, que tenía decenas de miles de guerreros?¿Qué hizo posible que un grupo tan pequeño de hombres lograra derrotar a uno de los ejércitos más importantes de América?

En este libro demostraré que, sin duda, la explicación a este enigma no es política ni militar, sino religiosa. Fue la religión, y no las armas o la política, la que conquistó América.

Antes de comenzar a visitar los lugares arqueológicos decido leer los libros que escribieron los protagonistas de la conquista como, por ejemplo, la Historia Verdadera de la Conquista de la Nueva España, el Códice Florentino o las Cartas de Relación de Hernán Cortés.

Lo que más llama mi atención es que la mayoría de los historiadores modernos parecieran querer ignorar que hace quinientos años ambos pueblos, tanto españoles como indígenas, eran profundamente religiosos.

Los promotores de la Leyenda Negra insisten en que la conquista se hizo exclusivamente por la fuerza, sin embargo es imposible que un número tan reducido de españoles, menos de mil, lograran conquistar por la fuerza un país tan enorme y poderoso como México.

Incluso hoy, con los grandes medios de control que existen, sería difícil controlar México por completo. Un hecho que me hará pensar que la respuesta a este enigma está en la religión y no en la política o las armas.

"Tetzáhuitl" significa "presagio" en náhuatl y según el diccionario de Alonso de Molina, un "tetzáhuitl" es una "cosa escandalosa o espantosa, cosa de agüero".

Los "tetzáhuitl" eran señales que los dioses enviaban por medio de sueños, de eventos cósmicos, de mensajeros divinos o de fuerzas naturales, para anunciar cambios en las vidas de los hombres, ya fueran catástrofes o buenas nuevas.

Uno de los muchos presagios que anticiparon la caída del imperio mexica y la victoria de los españoles aparece en el Códice Florentino, en el Capítulo I, Libro XII, donde dice: "…una vez, cuando la gente del agua estaba pescando con redes…agarraron un ave cenicienta, semejante a una grulla. Enseguida fueron a hacérsela ver a Motecuhzoma, en el Tlillan (lugar negro), en el Calmecac. Declinaba el sol, pero aun era de día. Encima de la grulla se extendía algo así como un espejo, circular como malacate, redondo, como si estuviera perforado en El Centro. Allá se aparecía el cielo, las estrellas, el mamalhuaztli. Y luego, una segunda vez miró encima del ave, un poco más allá vio como si algunas personas vivieran marchando derechos, vinieran conquistando, vinieran vestidos para la guerra, los cargaban venados. Y luego llamó a los adivinos, a los sabios, les dijo: 'No saben ustedes lo que yo acabo de ver, a algunos que venían como marchando derechos'. Ya iban a contestarle, cuando miraron, y todo desapareció, no pudieron decir nada más."

Este presagio sucedió justo en el momento en el que muchos pueblos mesoamericanos esperaban la llegada de Quetzalcóatl con la esperanza de que cumpliendo su venganza destruyera Tenochtitlan y los librara del yugo mexica y de sus sacrificios humanos.

Como mencionaba antes para capturar a las víctimas de sus sacrificios, los mexicas organizaban las "Guerras Floridas", las cuales eran unas cacerías humanas en las que capturaban prisioneros para sacrificarlos a sus dioses.

La llegada de los españoles vino acompañada de los presagios y señales que anunciaban el regreso de Quetzalcóatl y la destrucción del Imperio Mexica. Casualidad o no, Quetzalcóatl cumplió su venganza y la destrucción del Imperio México se hizo realidad.

Representación del nacimiento del nuevo hombre frente a un eclipse total de sol y a un terremoto representado por una espiral. Peña de Bernal. Querétaro. Foto: Chico Sánchez

El hombre blanco

Pero en la profecía del regreso de Kukulkán existió otra coincidencia histórica extraña: La de los hombres blancos y barbados.

Durante un viaje a la Península de Yucatán decido visitar el municipio de Motul para probar en primera persona sus famosos huevos motuleños. Huevos que son un gran ejemplo de mestizaje de las dos civilizaciones, la europea y la maya.

Será en Motul donde escucharé en primera persona sobre el mito del linaje Pech, el misterioso hombre blanco y barbado que regía uno de los cacicazgos que señoreaban la Península de Yucatán quinientos años antes de la llegada de los españoles.

La actual Motul formaba parte de la provincia de Ceh-Pech y fue fundada por un jefe de la Confederación de Mayapán, descendiente del misterioso hombre blanco, después de un levantamiento de armas sucedido en el siglo XV.

La fundación de Mayapán es atribuida al Rey de Tula, Quetzalcóatl, conocido por los mayas como Kukulkán, y en un documento fechado en 1850, el encomendero Francisco de Bracamontes sitúa a Motul como contemporáneo de la misma Mayapán, de Izamal y de Chichén Itzá.

Como vimos antes, Motul recibió su nombre en honor a este antiquísimo hombre blanco que, sin conocerse su procedencia, se estableció junto a su caravana durante ciento cuarenta años, hasta que el itzá Kak U Pakal arrasó la población cerca del último Katún Ahau, situado entre el 1045 y el 1064. Y la pregunta que se presenta cuando se analizan estos datos es: ¿Quién fue este misterioso hombre blanco que mencionan las crónicas?¿De donde vino y hacia donde partió su linaje?¿Se trata quizá del Rey de Tula Quetzalcóatl, conocido en maya como Kukulkán?

La búsqueda de este hombre blanco y barbado me lleva de nuevo hasta la reproducción del códice Fejérváry-Mayer en la que se ve a Ehécatl (Kukulkán-Quetzalcoatl) representado con barbas blancas, nariz aguileña y cargando una cruz. ¿Probaría este detalle que el extraño hombre blanco del linaje Pech fue Quetzalcoatl-Kukulkán?

Sabiendo que hace quinientos años tanto mayas como españoles eran profundamente religiosos me pregunto: ¿Qué pensaron los sacerdotes mayas cuando vieron que los españoles traían con ellos un dios barbado cargando una cruz como el que aparecía en sus códices?¿Fue para ellos esta señal otro anuncio del cumplimiento de la profecía?

Nuestro Padre Jesús Nazareno de Prado del Rey, Cádiz, España y una fotografía de una reproducción del personaje barbado que aparece en el códice Fejérváry-Mayer.
Foto: Chico Sánchez

La cruz

Pocos días después durante una visita a la ciudad maya de Cobá, en el estado de Quintana Roo, en la Península de Yucatán, México, observando a un enorme cocodrilo que toma el sol desde un pequeño mirador que hay en su laguna, veo una publicidad con una imagen que me deja totalmente sin palabras: Se trata de una representación maya en la que que hay dos personajes mayas junto a una cruz sobre la que hay posada un ave.

El parecido de esta cruz maya con la católica es impresionante y al verla me pregunto: ¿Cual sería la reacción de los sacerdotes mayas cuando vieron a los españoles cargando unas cruces tan similares a las suyas?

Dibujo que encuentro en un establecimiento turístico en Cobá, Quintana Roo, Yucatán, México.
El original, esculpido en piedra, se encuentra en la ciudad de Palenque en Chiapas, México.

Pocos meses después durante una visita al Museo de Antropología de la Ciudad de México me encuentro de nuevo frente a dos cruces mayas en las que unos personajes con los brazos abiertos sostienen objetos en sus manos.

Dibujo de una reproducción de la cruz maya de Palenque.

En mi opinión, de la unión de estas dos cruces surgió la actual cruz florida mexicana, una cruz cristiana decorada con flores que podrás encontrar en muchos pueblos de México.

Todavía hoy, cinco siglos después de la fundación de México, verás que muchos pueblos conservan estas cruces floridas, que son fruto del mestizaje de las dos culturas y religiones.

La más impresionante de este tipo de cruces se encuentra en la Catedral de Nuestra Señora de la Asunción de Oaxaca, una cruz labrada con flores, como las cruces mayas de la antigüedad, sobre la cual está la imagen de un Cristo crucificado conocido como el Señor del Rayo.

Dicen que la mejor fotografía es la que no tomamos, y el día que lo vi de cerca, por ser durante la celebración religiosa, decidí respetar el ritual y no hice ninguna fotografía, por lo cual te invito a que cuando visites Oaxaca pases a conocer esta sublime obra del sincretismo religioso prehispánico y católico.

Cruces mayas en el Museo Nacional de Antropología de la Ciudad de México. Foto: Chico Sánchez

Las tes

Mi viaje continua en Yaxchilán, una ciudad maya localizada en las orillas Del Río Usumacinta, en el Estado Chiapas, que hoy es frontera natural entre México y Guatemala.

Yaxchilán fue destruida y abandonada igual que otras muchas ciudades mayas después del año 800 d.C.

Tras visitar su laberinto subo a una de las pirámides y en un muro encuentro la escultura en piedra de dos aluxes, dos duendes mayas, seres elementales que son para los mayas los guardianes de los cultivos y las selvas.

La imagen de estos dos seres pequeños, regordetes y con pinta de traviesos hace que recuerde las historias de duendes que me contaban en mi pueblo cuando era niño. Duendes que, igual que los aluxes mayas, se dedicaban a cuidar los campos y a guardar tesoros escondidos.

Los aluxes o duendes mayas de Yaxchilán, Chiapas, México. Foto: Chico Sánchez

Será en Yaxchilán, gracias a una afortunada casualidad, donde descubriré otro hecho muy importante para comprender qué sucedió hace poco más de cinco siglos cuando los mayas y españoles se encontraron.

Este viaje lo hago días después de regresar del Camino de Santiago, en España, por lo cual llevo colgada en el pecho llevo una tau, la cruz con forma de T que usan los franciscanos. Cruz que me ayudará a revelar este importante misterio.

Visitando Yaxchilán llego hasta una enorme estela maya partida que hay tirada en el suelo debajo de un árbol y cuando me pongo inclino de pie frente a ella, la cruz tau que llevo en el pecho queda suspendida a la altura de mis ojos y veo asombrado que en la estela maya ¡También hay una T!

La "T" maya encontrada en Yaxchilán. Museo Nacional de Antropología de la Ciudad de México.
Foto: Chico Sánchez

Esta "T" maya, el glifo "ik", representa al dios del viento Ehécatl-Kukulkán-Quetzalcóatl. Y, por lo tanto, para los mayas el "ik" es el "espíritu" o "aliento" del Creador. Ese "soplo" que le da vida a los seres vivos.

Sosteniendo la tau franciscana en mi mano observo la "T" de la estela maya que está en el suelo y comprendo lo fascinante que debió ser el momento en que los sacerdotes mayas vieron por primera vez a los franciscanos, que traían con ellos a un hombre blanco barbado cargando una cruz, llevaban también en el pecho una "T", el símbolo del dios que ellos estaban esperando.

En el Códice Madrid, un libro maya, la diosa Luna, Ixchel, y el dios Sol, Itzamná, aparecen sentados bajo esta "T". La cual representa, en mi opinión, al "Ik" o "Espíritu" de la Creación y aparecen jóvenes, van madurando y al final entran al reino de la muerte.

Además, los dos personajes representan a la primera pareja del Cuarto Sol, algo así como los Adán y Eva de una nueva generación.

Reproducción del Códice Madrid con Ixchel (Izq) e Itzamná sentados bajo la T. En la pieza de la derecha, que encontré en una exposición temporal del Museo Nacional de Antropología de la Ciudad de México, en la que se ve a ambos dioses, Ixchel lleva en la frente la T. Foto: Chico Sánchez

Poco tiempo después, en el Museo Nacional de Antropología de la Ciudad de México, en una exposición temporal, encontraré una escultura en la que aparece la diosa Ixchel, representada como una mujer, y el Dios Viejo, Itzamná, El Escriba, representado como un conejo, y comprobaré que la diosa maya lleva en su frente una "T" como la que aparece en el Códice Madrid.

Reproducción del Códice Madrid que se encuentra en el Museo de América.
Madríd, España y la miniatura de los dioses Ixchel e Itzamná que encuentro
expuestos en el Museo Nacional de Antropología de México.
Foto: Chico Sánchez

La tau, cruz franciscana, con la que hice el Camino de Santiago. Es emocionante pensar qué sintieron los sacerdotes mayas y los franciscanos al ver que ambos compartían un mismo símbolo. Foto: Chico Sánchez.

Tras dejar Yaxchilán pongo rumbo a Palenque, otra ciudad maya de Chiapas donde encuentro la "T", el ímbolo "Ik", en las ventanas de uno de sus edificios principales. Edificio sin duda relacionado con Ehécatl-Quetzalcóatl-Kukulkan, dios del viento, personaje que aparece con barba y cargando la cruz en el Códice Feyérváry-Mayer.

Debió ser impresionante para los sacerdotes mayas ver que los franciscanos traían con ellos la T que decoraba las ventanas del templo más importante de la entonces abandonada ciudad de Palenque.

Sin duda que esta casualidad, si es que fue casualidad, fue para los sacerdotes mayas una señal clara de que la profecía se estaba cumpliendo.

Ventanas en forma de T de el Palacio del Observatorio en Palenche, Chiapas, México.
Foto: Chico Sánchez

Ventanas en forma de T de el Palacio del Observatorio en Palenche, Chiapas, México.
Foto: Chico Sánchez

Al día siguiente, después de pasar la noche en una cabaña situada dentro del sitio arqueológico, escuchando el maravilloso griterío de los monos aulladores, imagino a los sacerdotes mayas, quizá ocultos en la maleza, contemplando la llegada de los franciscanos, barbados y con la "T" en sus pechos, visitando la ciudad abandonada de Palenque, y viene a mi mente el recuerdo del linaje Pech, heredero del misterioso hombre blanco y barbado que vivió en estas tierras hace ya casi mil años.

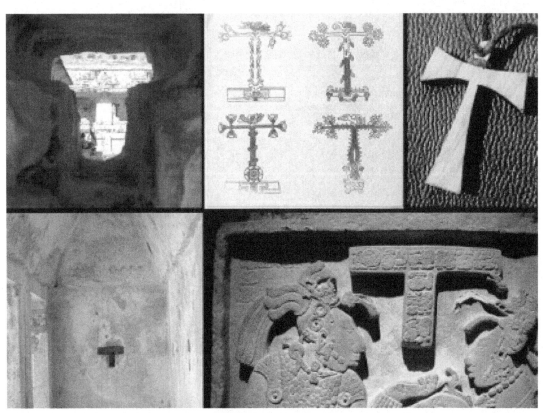

En el Códice Feyervary-Mayer, en el centro arriba, aparecen las mismas T representando, probablemente, cuatro fechas calendáricas: ¿Quizá los cuatro soles que aparecen en mural de San Bartolo?
Foto: Chico Sánchez

Las abejas

Pero la "T", además de ser el símbolo del espíritu o "Ik" de Ehécatl, también representa a una deidad muy importante para los mayas: El Dios Descendiente o Dios Sacrificado, dios de las abejas, que mencioné en un capítulo anterior.

Este dios maya llamado Ah Muzen Cab desciende del cielo ofreciendo con sus manos un bote de miel que, en realidad, contiene el "Ik", el Espíritu del Creador. Algo así como un maná celestial.

Todavía hoy, como está registrado en el Códice Madrid, los mayas construyen sus colmenas con forma de "T" en honor al Dios Descendente de las abejas Ah Muzen Cab.

Reproducción de una colmena maya idéntica a la que aparece en el Códice Madrid, que se puede ver arriba. En estas colmenas, que todavía existen, los mayas crían abejas meliponas, unas abejas que no muerden y tienen una miel de mucho valor. Museo de Insectos Vivos Cappas Insectozoo, Vila Ruiva, Cuba, Portugal. Foto: Chico Sánchez

Los sacrificios

Tras trece años visitando sitios arqueológicos, buscando en museos e iglesias, entrevistando a muchas personas, leyendo libros y estudiando códices, creo haber descifrado porqué un pequeño grupo de soldados españoles, menos de mil, fueron capaces de derrotar al temido y hasta ese momento invencible ejercito mexica.

Cuando se contemplan tantas señales, tantas misteriosas coincidencias y tantos milagros increíbles, se comprende porqué los sacerdotes mayas dejaron escrito que fue Dios quién decidió la caída del Imperio Mexica.

Es irónico pensar que hace poco más de quinientos años un pequeño grupo de españoles armados con fe y valor, lograran derrotar a un imperio, y como hoy, quinientos años después, los descendientes de esos mismos españoles, carentes de fe y de valor, estén siendo confinados, arruinados y destruidos por el miedo a una simple gripe.

Los descendientes de los mismos que conquistaron el mundo ayer, en cuyo imperio no se ponía el sol, conquistados hoy por su miedo a un resfriado común.

Lo único irrefutable es que con fe y con valor España forjó un imperio donde no se ponía el sol y sin fe y sin valor, esa misma España, acobardada, lo está perdiendo todo.

Sin embargo, no podemos olvidar un hecho que influyó de forma decisiva en que los españoles derrotaran a los mexicas: Los sacrificios humanos.

Algunos recuerdos de esos sacrificios se encuentran en la ciudad maya de Chichén Itzá, la cual tendré la Fortuna de visitar muchas veces.

Si embargo hay que aclarar que como explico con detalle en mi libro La Profecía de los Jaguares, los primeros mayas no realizaban sacrificios humanos y fueron pueblos del norte, probablemente los toltecas, los que invadieron a los mayas imponiendo a unos dioses que demandaban continuamente sacrificios humanos.

Este hecho que se puede comprobar viendo las ciudades de influencia tolteca, como Chichén Itzá, donde se encuentran muros llenos de cráneos y representaciones de sacrificios humanos realmente aterradoras.

El muro de cráneos de Chichén Itzá, Yucatán, México. Foto: Chico Sánchez

Un gran ejemplo de estos sacrificios se encuentra en Chichén Itzá, en un pequeño edificio decorado con enormes cabezas de serpiente de aspecto feroz, se encuentra una imagen grabada en piedra que muestra a un guerrero rodeado de serpientes que sostiene la cabeza recién cortada de un ser humano, probablemente de un guerrero enemigo que fue sacrificado.

Cabezas de serpiente frente a la pirámide de Kukulkan de Chichén Itzá, Yucatán, México.
Foto: Chico Sánchez

El guerrero que camina, rodeado de serpientes, con la cabeza de un decapitado. Chichén Itzá, Yucatán, México. Foto: Chico Sánchez

Sin embargo la pieza más estremecedora y terrorífica sobre los sacrificios humanos que realizaban estos mayas-toltecas que encontré en estos trece años de viajes está en exposición en el Museo Amparo de Puebla de los Ángeles, en México.

En la pieza, una pintura hecha con tinta roja como la sangre, se ve a un sacerdote vestido como la muerte persiguiendo a un hombre que huye aterrorizado para evitar ser sacrificado.

Aunque la fotografía que comparto no logre expresarlo, el artista maya logró que cuando estás frente al cuadro sientas el terror espantoso que vive la persona que huye para evitar su sacrificio.

Mirar el cuadro me provoca un profundo escalofrío, y lo que muestra es tan real que siento ganas de salir corriendo preguntándome si en el cuadro no estará pintado con verdadera sangre.

El cuadro del sacrificio en el Museo Amparo de Puebla, México. Foto: Chico Sánchez.

Cuando los españoles llegaron a América la clase mexica realizaba regularmente estos terribles sacrificios humanos con los esclavos capturados en las cacerías humanas llamadas Guerras Floridas y en las cuales capturaban a sus víctimas vivas, las llevaban hasta los templos y ahí las sacrificaban.

Hay constancia de que, en algunas ocasiones, miles de personas llegaron a ser sacrificadas a los dioses en pocos días, tantos muertos había que se narra que de las pirámides bajaban ríos de sangre.

El más terrible de los rituales que celebraban los sacerdotes mexicas era el baile-sacrificio que se hacía durante las sequías al dios Tlaloc, dios de la lluvia, en el que el sacerdote le arrancaba la piel a un niño vivo y después bailaba con ella puesta.

Imaginar al sacerdote mexica danzando con la piel caliente y sangrante junto al niño despellejado agonizando a su lado en medio de un inmenso dolor resulta aterrador, pero sirve para comprender el dolor que sentirían los padres que tenían que entregar a sus hijos para ser sacrificados de una forma tan cruel.

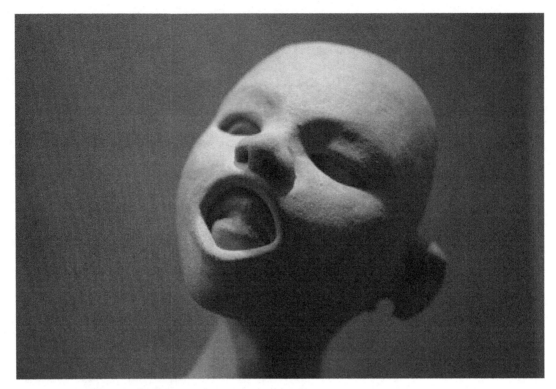

Escultura en la cual un sacerdote tiene puesta la piel arrancada de un niño. Museo Nacional de Antropología de la Ciudad de México. Foto: Chico Sánchez

Aunque pueda parecer increíble, la terrible costumbre americana de despellejar al adversario, que conocemos en la actualidad como "arrancar la cabellera", todavía se conserva en algunas partes de América.

Y esto lo comprobé personalmente durante una visita a la Gran Sabana venezolana donde mi guía me contó que en una ocasión se perdió en la selva y fue capturado por un grupo de indígenas que le arrancaron el cuero cabelludo dejándolo moribundo.

Afortunadamente, a pesar de las graves heridas que sufrió, fue rescatado y tras pasar meses terriblemente dolorido logró sobrevivir.

Y afortunadamente para mí, hoy doy gracias a Dios porque nunca nos cruzamos con estos indígenas y logré conservar intactos todos los pelos de mi cabeza.

Imagen tomada durante mi viaje por la Gran Sabana venezolana.
Foto: Chico Sánchez

Si bien con la llegada de los españoles llegaron otros males, porque el demonio no tiene raza ni patria, un hecho indiscutible es que, como anunciaba la profecía, para los pueblos oprimidos por los mexicas, que debían entregar a sus niños, mujeres y guerreros para ser sacrificados a los dioses mexicas, la llegada de Hernán Cortés fue vista como una oportunidad de liberación.

El suceso que mejor explica porqué muchos indígenas se aliaron con Hernán Cortés para derrotar a los mexicas se encuentra en las palabras que Bernal del Castillo dejó escritas en su Historia Verdadera de la Nueva España que dicen: "Debo decir ahora cómo en este pueblo de Tlaxcala encontramos jaulas de madera hechas de rejilla, en la que hombres y mujeres eran encarcelados y alimentados hasta que estuvieran lo suficientemente gordos para ser sacrificados y comidos. Nosotros abrimos y destruimos estas prisiones, y liberamos a los indios que estaban en ellas."

Fueron estos tlaxcaltecas que los españoles sacaron de las jaulas quienes se convirtieron en los principales aliados de los españoles y fueron ellos, junto a otros pueblos indígenas, quienes lideraron la conquista de Tenochtitlán.

La diferencia principal de la religión católica a la mexica era que mientras que los dioses mexicas demandaban terribles sacrificios humanos, el Dios cristiano prohibía estos sacrificios humanos y su hijo, Cristo, derramaba su propia sangre en la cruz para liberar a los hombres. Fue esta idea, en mi opinión, la que cambió el curso de la historia de América.

Cuando los pueblos oprimidos por los mexicas vieron que los españoles sacaron a los tlaxcaltecas de las jaulas en las que los engordaban y prohibieron los sacrificios humanos, se aliaron con Hernán Cortés y formaron un ejército de decenas de miles de guerreros mayas, tlaxcaltecas, totonacas, y de muchos otros pueblos indígenas, que derrotó al Imperio Mexica.

El guerrero águila

Meses después de regresar de tierras mayas, durante una visita al Museo Nacional de Antropología de la Ciudad de México, me encuentro frente a un mural olmeca de Cacaxtla, Tlaxcala, en el que aparece un sacerdote vestido de guerrero águila.

Los olmecas son la cultura madre mesoamericana y los mayas sus descendientes directos.

Se sabe que es un sacerdote porque, igual que los curas católicos se visten de negro, los sacerdotes mesoamericanos cubrían su cuerpo o algunas partes de su cuerpo con pintura negra.

En el mural un sacerdote con alas, garras y cabeza de águila camina sobre un dragón o serpiente emplumada mientras se dispone a atacarlo con un arma que tiene la forma de la cabeza de un animal.

Observando al guerrero alado dispuesto a atacar al dragón a mi mente viene la imagen San Miguel Arcángel sometiendo con su espada al Dragón, la Serpiente Antigua, Satanás, y me pregunto: ¿Podría tener esta imagen alguna relación con los relatos de la Biblia en los que los ángeles de Dios luchan contra los ángeles caídos de Satanás?¿Podría ser este ser alado una representación de uno de los arcángeles y el dragón una representación de Satanás?

En la mitología cristiana se habla de los ángeles caídos, ángeles corrompidos por su arrogancia que fueron arrojados a la tierra por Dios.

En Babilonia estos seres alados, los ángeles caídos, eran representados como seres antropomorfos con cabeza de águila y alas, y eran estos demonios los que, según la Biblia, demandaban terribles sacrificios humanos.

El sacerdote guerrero olmeca del mural encontrado en Cacaxtla, Tlaxcala, México. Museo Nacional de Antropología. Ciudad de México. El sacerdote, con alas, garras y cabeza de águila, camina sobre un dragón o serpiente emplumada mientras se dispone a atacarlo con un arma que tiene la forma de la cabeza de un animal. Foto: Chico Sánchez

San Miguel en la Basílica de Guadalupe, México. Foto: Chico Sánchez

A la izquierda un genio o demonio babilónico, a la derecha el sacerdote tolteca de Cacaxtla. Foto: Chico Sánchez

Resulta fascinante imaginar la reacción de los sacerdotes mayas y olmecas, que conocían los murales de Cacaxtla y los custodiaban, cuando vieron por primera vez las imágenes de San Miguel Arcángel a punto de matar al dragón con la punta de su espada flameante.

Seres alados de Kabah, Ruta Puuc, Yucatán, México.. Foto: Chico Sánchez

San Miguel Arcángel derrotando a Satanás. Museo de la Catedral de Plasencia, Cáceres, Extremadura, España. Foto: Chico Sánchez

La Serpiente Antigua

En el Libro del Consejo de los mayas quiché de Guatemala, el Popol Vuh, se cuenta que los Señores del Inframundo, los Señores del Mal, fueron derrotados por los gemelos divinos Hunahpú y Xbalanqué en un juego de pelota celebrado en el Inframundo o Xibalbá.

Esta lucha entre el Bien y el Mal, del Dios contra el Dragón, es descrita en Apocalipsis 12:9 donde dice: "Y fue arrojado el gran dragón, la serpiente antigua que se llama el diablo y Satanás, el cual engaña al mundo entero; fue arrojado a la tierra y sus ángeles fueron arrojados con él."

Claramente, en ambas religiones los demonios son una raza de serpientes o dragones. Lo cual queda demostrado también en que según la tradición oral maya el Señor del Xibalbá es un Dragón.Sin embargo en el mural del Olmeca de Cacaxtla hay otro detalle muy importante: Que el dragón sobre el cual camina el sacerdote olmeca de Cacaxtla está formado de agua, lo cual se sabe porque, además de tener forma de cascada, está decorado con animales marinos.

Contemplando la imagen del ser alado que lucha contra el dragón viene a mi mente un versículo del Antiguo Testamento, Isaías 27:1, que dice: "Aquel día el Señor castigará con su espada feroz, grande y poderosa, a Leviatán, serpiente huidiza, a Leviatán, serpiente tortuosa, y matará al dragón que vive en el mar."

Viendo que tanto en Isaías como en el mural de Tlaxcala se describe una lucha contra un dragón que está en el mar me pregunto: ¿Sería posible que ambas historias tuvieran un origen común?

La respuesta la encontraré pocos meses después en una visita a la majestuosa ciudad maya de Mirador, una joya perdida en el corazón de la selva de Guatemala.

Mirador, capital del Reino Kan o Reino Serpiente, fue abandonada en el siglo III después de Cristo sin que todavía se sepan con certeza los motivos.

Para llegar a ella hay que caminar dos días de sol a sol cruzando la selva por pequeños ríos de tierra fangosa, en medio de un calor intenso y haciéndole una generosa "contribución" a las nubes de mosquitos que, felices con la llegada de los visitantes, se dan un banquete a costa de tu sangre.

Mis ganas de conocer esta ciudad maya abandonada en el corazón de la selva de Guatemala son tantas que no me canso de caminar desde el amanecer hasta bien entrada la noche, sino que disfruto tanto que el día se me hace corto.

La ciudad de Mirador es muy especial porque en ella hay un mural de estuco en el cual aparecen los gemelos divinos Hunahpú y Xbalamqué jugando al juego de pelota en el Xibalbá. Mural que prueba que los mitos que aparecen en el Popol Vuh, el Libro del Consejo de los mayas quiché de Guatemala, son verdaderos.

Dicho de otro modo, en la ciudad de Mirador se encuentran las pruebas irrefutables de que el Popol Vuh es verdadero y que este libro no es un invento de los sacerdotes católicos para engañar a los indígenas, como divulgan, sin razón ni fundamento, los promotores de la Leyenda Negra.

El detalle más importante de la representación de estuco de Mirador es que los gemelos divinos están nadando, lo cual prueba que el Xibalbá, donde habitan los Señores del Mal, está bajo el agua.

Es interesante que el profeta Isaías dice que Dios describe a Leviatán viviendo en el mar y los Gemelos Divinos naden en el agua para encontrarse con los Señores del Mal en el Xibalbá.

Mural de estuco con los gemelos divinos encontrado recientemente en la ciudad maya de Mirador, Guatemala. Foto: Chico Sánchez

Caminando por el mar

En la Sala Maya del Museo Nacional de Antropología de México se encuentra la Estela 1 de Izapa, una pieza maya en la cual se ve a un personaje sosteniendo una cesta con un pez dentro y que lleva en la espalda otra cesta de la cual sale el vapor de los cuerpos de los peces recién pescados.

Sin embargo, el detalle más importante de esta pieza y lo que la hace única, es que el personaje va caminando sobre el agua pisando la cabeza de dos reptiles.

La Estela 1 de Izapa que muestra al personaje maya pescando y caminando sobre el agua montado en dos cocodrilos o dragones. Museo Nacional de Antropología, Ciudad de México. Foto: Chico Sánchez

La Estela 1 de Izapa que muestra al pescador maya que camina sobre el agua montado en dos cocodrilos o dragones. En la cesta se ve claramente un pez y en su espalda se ve el vapor que desprenden los cuerpos de los peces. Museo Nacional de Antropología, Ciudad de México. Foto: Chico Sánchez

La Estela 1 de Izapa que muestra al personaje maya pescando y caminando sobre el agua montado en dos cocodrilos o dragones. Debajo de sus pies se ven claramente los peces que dan a entender que va caminando o por un río o por el mar. Museo Nacional de Antropología, Ciudad de México. Foto: Chico Sánchez

Sobre caminar por el agua Mateo 4:25-26 dice: "A la madrugada, Jesús fue hacia ellos caminando sobre el agua. Cuando los discípulos lo vieron andar sobre el agua, se asustaron, y gritaron llenos de miedo."

Sea o no casualidad, es fascinante imaginar a los sacerdotes mayas, que probablemente conocían estas imágenes del dios maya pescador que camina sobre el agua, escuchando por primera vez que el Dios de los recién llegados, Jesucristo, también caminó como sus dioses sobre el agua.

La Estela 1 de Izapa que muestra pescador caminando sobre el agua tiene a sus pies una serpiente. Museo Nacional de Antropología, Ciudad de México. Foto: Chico Sánchez.

Los Ángeles Caídos

Es en la ciudad maya de Toniná, en Ocosingo, Chiapas, donde encuentro nuevas imágenes de esta lucha entre el Bien y el Mal, entre la Vida y la Muerte, entre Dios y Leviatán, y entre Cristo y la Serpiente Antigua, que han sido registradas por los pueblos antiguos desde el comienzo de la historia.

Después de visitar el pequeño laberinto de Toniná llego a un mural en el que dos personajes alados combaten junto a un esqueleto representado como la muerte.

Como veíamos antes, la tradición cristiana describe que después de la creación de los ángeles, una parte importante de ellos, liderados por Lucifer, conocido como Azael o Satanás, se revelaron contra Dios y como castigo por su rebelión fueron arrojados a la tierra.

Observando la lucha entre los seres alados me pregunto: ¿Describe este mural la misma lucha entre ángeles y demonios que describen la Biblia y algunos textos babilónicos?

Los seres alados de la ciudad maya de Toniná. Ocosingo, Chiapas, México. Foto: Chico Sánchez

Pocos días después de visitar Toniná el Destino me lleva hasta la ciudad maya de Ek Balam, al norte de Valladolid, en Yucatán, México, donde, sin buscarlo, encontraré más pruebas de que los mitos mayas y los babilónicos podrían tener su raíz en una misma historia.

La parte más importante de Ek Balam es una puerta con forma de cabeza de serpiente o dragón de afilados dientes, conocida como el Monstruo de la Tierra, que representa una entrada simbólica al Inframundo o Xibalbá, reino de los Señores del Mal.

La puerta está decorada con dos imponentes seres alados y tras varios minutos observándolos me doy cuenta de un detalle muy extraño: Los seres alados de Ek Balam tienen sólo cuatro dedos. ¿Porqué tienen estos personajes sólo cuatro dedos?¿Qué podrían simbolizar sus cuatro dedos?

Dos seres alados que custodian la entrada al Inframundo en Ek Balám, Yucatán, México. Foto: Chico Sánchez

Decía Sócrates que la respuesta siempre se encuentra en la pregunta. Y repetirme la pregunta de porqué los seres alados de Ek Balam tienen solo cuatro dedos hará que encuentre, de forma sencilla, la explicación al misterio.

Esa misma noche al llegar al hotel tomo el El Popol Vuh, el Libro del Consejo de los mayas quiché, lo abro al azar y por esas cosas que tiene el Destino el libro se abre por la página que contiene la respuesta al enigma.

Y es que el Popol Vuh se abre en la página que describe a los tecolotes o búhos, mensajeros del Xibalbá, secuestrando a la princesa Xquic por orden de los Señores del Mal para sacrificarla y dice: "Y los cuatro tecolotes tomaron una jícara, y un agudo cuchillo de obsidiana para sacarle el corazón, y cogiéndola de brazos y piernas se la llevaron volando".

Como para los griegos y los romanos, igual que para los mayas, los búhos eran mensajeros de la muerte, me pregunto: ¿Cuantos dedos tiene un búho?¿Tienen los tecolotes cuatro dedos?¿No podrían ser estos seres alados con cuatro dedos los mensajeros del Inframundo o Xibalbá, reino de los Señores del Mal?

La respuesta llega inmediatamente cuando, al consultar la enciclopedia, leo que, efectivamente: ¡Los búhos o tecolotes tienen cuatro dedos!¡Estos personajes alados son los mensajeros del Xibalbá!¡Estos seres de cuatro dedos son los enviados del Inframundo!

Sin embargo la prueba irrefutable de que estos seres alados son los mensajeros del Inframundo o Xibalbá, reino de los Señores del Mal, que secuestran a la princesa Xquic para arrancarle el corazón está en que en su cinturón llevan un cráneo de un esqueleto humano, un símbolo de la muerte.

Lo misterioso es que los seres alados de Ek Balám tienen sólo cuatro dedos. Foto: Chico Sánchez

El anticristo

Sin embargo, estos seres de cuatro dedos, los mensajeros del Inframundo, no son exclusivos de los mayas y un tiempo después, por pura casualidad, descubriré que también podemos encontrarlos en la mitología católica.

Pocos meses después, durante una visita turística a la ciudad de Guanajuato, México, mi compañera guanajuatense y yo entramos a un pequeño museo y nos encontramos frente a un enorme cuadro titulado "El Nacimiento de la Virgen María".

Engañado por su título le comento y sin fijarme en los detalles le comento a mi compañera que nunca antes había visto un cuadro sobre el nacimiento de la Virgen María y ella, verdaderamente escandalizada me dice: ¡Esa no es la Virgen María!¡Eso es un demonio!¡Vámonos de aquí!

Cuando miro con atención el cuadro compruebo que Leticia tiene razón: ¡El niño tiene una cara de demonio espantosa!

Lo más increíble es que en ese momento una persona que escuchó nuestra conversación se acerca a nosotros y cuando nos damos cuenta que tiene la misma cara del niño del cuadro: ¡Salimos corriendo del museo!

El niño demonio del museo de Guanajuato. Foto: Chico Sánchez

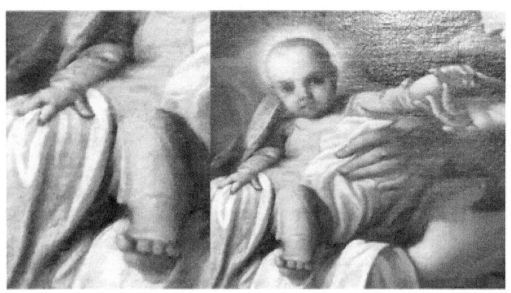

El niño demonio de Guanajuato es una representación de un demonio. Está poniendo los cuernos, tiene pata de ave y cuatro dedos en los pies. Foto: Chico Sánchez.

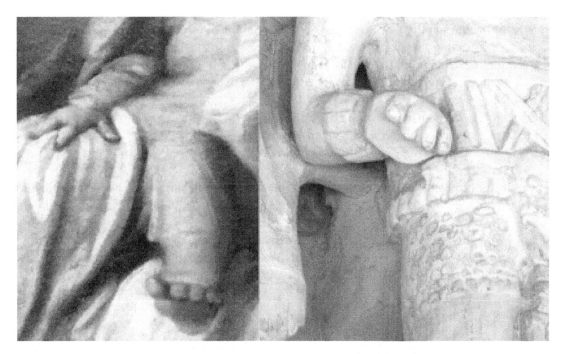

El niño demonio de Guanajuato tiene cuatro dedos como los seres alados que custodian la entrada al Inframundo en la ciudad maya de Ek Balam, Yucatán, México. Foto: Chico Sánchez.

El viento

Mi búsqueda del misterioso hombre blanco y barbado fundador del antiguo linaje Pech me lleva otra vez a la ciudad maya de Tulúm, en Quintana Roo, Yucatán, México, ciudad en la que los sacerdotes mayas observaron por primera vez los barcos de la expedición del español Juan de Grijalva.

Ehécatl-Quetzalcóatl-Kukulkan, el dios barbado que carga la cruz en el Códice Feyérváry-Mayer es considerado el dios del viento, ya que, según la tradición, creó el mundo esparciendo su "viento", "soplo" o "aliento divino" usando un caracol.

Ese "soplo" o "aliento divino", el "Ik" en maya, es el aliento que entra en nosotros cuando nacemos y nos abandona en la hora de nuestra muerte.

Sobre el momento en el que Dios crea a Adán con este "soplo" divino Génesis 2:7 dice: "Dios lo creó del polvo de la tierra, sopló en su nariz el aliento de la vida y lo puso en el jardín de Edén."

En mi opinión, ese "aliento", "soplo", "aire" o "viento" de la vida, es el que escuchamos en la concha de un caracol marino cuando la ponemos en nuestro oído y aunque el caracol ya murió, todavía podemos escuchar al mar, como si el recuerdo de ese mar nunca abandonara al caracol.

El aire, por lo tanto, es la esencia de la vida, por eso, cuando le pones un bozal a un animal este intentará siempre quitárselo, porque sentirá que le "falta" el aire y se asfixia.

De la misma forma que el aire o viento puede ser bueno, también puede ser malo y por eso antes de entrar a los lugares sagrados y a las selvas los mayas piden permiso a los espíritus invisibles que los habitan, principalmente a los aluxes o duendes, porque según la tradición si entras sin permiso te puede dar "un mal viento" o "un mal aire" que puede enfermarte o incluso causarte la muerte.

Este "mal viento" no es exclusivo de los mayas y en la Biblia en Efesios 2:2 se lee: "Seguían el mal ejemplo de la gente de este mundo, y obedecían al poderoso espíritu de los aires, que gobierna sobre los malos espíritus y domina a las personas que desobedecen a Dios."

Esto quiere decir que el aire y el espíritu están relacionados, quítale el aire a una persona, ponle un bozal y además de dejarlo sin aire le estarás quitando también su espíritu dejándolo sin voluntad y sin alma.

Sin embargo, el gran misterio que hay detrás de la llegada de los españoles a Tulum es que la profecía anunciaba el regreso del dios del viento Ehécatl-Kukulkan-Quetzalcóatl y que los barcos de vela en los cuales vinieron los españoles para cumplir la profecía venían empujados por el viento.

La mano y la cruz roja

Los barcos que trajeron a los españoles también traían en sus velas una cruz roja conocida como la Cruz de Malta, cruz usada hoy por una sociedad católica llamada la Órden de los Caballeros de Colón.

En busca de esta cruz organizo una visita al Museo Nacional de Antropología de México y en la Sala Maya encuentro una escultura de un águila de piedra de la ciudad maya de Chichén Itzá, Yucatán, que me recuerda a un águila plateada que vi muchos años atrás en la Mezquita-Catedral de Córdoba, Andalucía, España.

Por consejo de un amigo antropólogo, cada vez que estoy ante una pieza arqueológica la observo en todos sus ángulos, por los cuatro costados, desde arriba, desde abajo, desde lejos, desde muy cerca, e incluso al revés. Todo esto se hace buscando mensajes ocultos que hubiera plasmado el artista.

Cual será mi sorpresa cuando al observar el águila de Chichén Itzá por detrás veo que lleva grabada una Cruz de Malta como las que traían en sus velas las carabelas de Colón.

En ese momento, recordando la ciudad Tulum, comprendo lo mágico que debió ser el momento en el que los sacerdotes mayas contemplaron por primera vez a los barcos españoles, traídos por el viento de Ehécatl, y que en sus velas traían la misma cruz del águila de Chichén Itzá.

A la izquierda el águila de Chichén Itzá del Museo Nacional de Antropología de México y a la derecha una representación de las carabelas de Colón en la Ermita de la Virgen de las Montañas de Villamartín en Andalucía, España. Fotos: Chico Sánchez.

Con la intención de conocer las celebraciones del Día de Muertos organizo una visita al hermoso pueblo de Teotitlán Del Valle en Oaxaca, México, un pueblo fascinante en el que me sucederán muchas cosas misteriosas y extrañas.

Teotitlán significa "lugar sagrado" y hay un gran misterio en que "teo", tanto en griego como en nahuatl mexicano significan "dios", "divino" o "sagrado". ¿Cómo es posible esta casualidad?¿Significa esto que hace muchos siglos, quizá milenios, hubo una civilización mundial y por eso pueblos tan separados hoy geográficamente comparten las mismas palabras?

Durante mi visita a la Iglesia de la Preciosa Sangre de Cristo le tomo una fotografía a una mano y mientras la observo me pregunto:¿Dónde he visto antes esta mano?¿Porqué me resulta tan familiar?

Será pocos días después, durante una visita al Museo Nacional de Antropología de México, cuando me encontraré frente a una reproducción de los murales del Palacio de Tetitla, en los que se encuentra una mano muy similar a la que encontré en la iglesia de Teotitlán.

La mano del Palacio de Tetitlá de Teotihuacán en el Museo Nacional de Antropología de México y la mano de la Iglesia de la Preciosa Sangre de Cristo de Teotitlán del Valle en Oaxaca, México. Fotos: Chico Sánchez

La piña

Se calcula que Teotihuacán fue abandonada en el año 900 d.C., casi siete siglos antes de la llegada de Cristóbal Colón y el motivo de su colapso es un gran misterio que intentaremos descifrar en este libro.

La primera pista de porqué fue abandonada Teotihuacán podría encontrarse en un trozo de mural que hay expuesto en el Museo de los Murales Teotihuacanos.

El mural muestra a un pájaro, probablemente un águila, que sostiene con sus garras unos frutos parecidos a unas piñas y nada más verlo una fuerte intuición me dice que esta imagen del águila agarrando la piña también la he visto antes en alguna parte.

Será pocas semanas después durante una visita al Museo de las Culturas, en el Centro Histórico de la Ciudad de México, cuando en una revista sobre arqueología observaré a un Djinn, un genio o demonio sumerio, con cuerpo de hombre y cabeza y alas de águila ¡que pareciera estar sosteniendo la misma piña!

Sorprendido por mi descubrimiento me pregunto: ¿Podría ser esta piña el fruto del árbol del conocimiento del bien y el mal que menciona la Biblia?¿Serán estas figuras representaciones del Dragón, la Serpiente Antigua o Satanás tomando el fruto del árbol del que comieron Eva y Adán?

Las piñas del Museo de los Murales de Teotihuacán, México. Foto: Chico Sánchez

A la izquierda las piñas del Museo de los Murales de Teotihuacán, a la derecha las reproducciones de los genios o demonios babilónicos del Museo Nacional de las Culturas. Fotos: Chico Sánchez

Las bolsas

Emocionado por el descubrimiento de las piñas sigo con mi visita por el Museo de las Culturas del Centro Histórico de la Ciudad de México donde observo una reproducción de un genio o demonio babilónico que me dará la clave para otro interesante planteamiento.

Este genio o demonio, un ser alado con apariencia humana y barbado, que sostiene con su mano derecha una piña como las que encontré en Teotihuacán, también lleva en su mano izquierda una extraña bolsa que hace que me pregunte: ¿Qué significado tendrá esta bolsa?¿Será la bolsa decorativa o tendrá un significado simbólico?¿Y porqué el escultor hizo que el genio o demonio parezca querer mostrarnos la bolsa?

El demonio o genio babilónico
que sostiene la bolsa.
Museo Nacional de las Culturas.
Foto: Chico Sánchez

Decidido a descifrar el misterio de estas bolsas visito de nuevo el Museo Nacional de Antropología de la Ciudad de México donde descubro que estas bolsas también existían en las culturas mesoamericanas.

La primera bolsa la encuentro en el mural de la tumba 105 de Monte Albán, en Oaxaca, en la Sala de Culturas de Oaxaca, donde aparece un sacerdote zapoteca que lidera un ritual funerario y en su mano izquierda lleva una bolsa como la que sostiene el demonio o genio sumerio.

El sacerdote que lidera el ritual funerario en el mural de la tumba 105 de Monte Albán, en la Sala de Culturas de Oaxaca, sosteniendo la misteriosa bolsa. Foto: Chico Sánchez

Observando al sacerdote zapoteco sosteniendo la bolsa me pregunto:¿Cómo es posible esto?¿Se trata de una prueba de un pasado común o estoy ante una impresionante casualidad? Y además me pregunto: ¿Qué utilidad tendría esta bolsa?¿Quizá se usaba para llevar incienso?¿O representa algo simbólico y mucho más profundo?

La prueba que pareciera demostrar la conexión entre los antiguos pueblos de América y Babilonia la encuentro en la Sala Olmeca del Museo Nacional de Antropología donde hay una pieza en la que un hombre sentado sobre una serpiente con cabeza de águila sostiene una bolsa como las que llevan los genios o demonios sumerios.

A la izquierda el demonio o genio sumerio con cabeza de águila sosteniendo la misteriosa bolsa, a la derecha la pieza olmeca donde un personaje sentado sobre una serpiente con cabeza de águila sostiene y muestra la misma bolsa. Foto: Chico Sánchez

Mi búsqueda para descifrar el significado de estas bolsas continúa en la Sala de las Culturas de Oaxaca donde encuentro otra tumba decorada con unos murales en los que un sacerdote sostiene una bolsas como la que sostienen los genios sumerios.

El hecho de que este sacerdote, como el de Monte Albán, esté en una tumba hace que me haga una pregunta: ¿Podría ser esta bolsa un recipiente simbólico para contener el alma del difunto?

Tumba en la Sala de Culturas de Oaxaca del Museo Nacional de Antropología de México. Foto: Chico Sánchez

Pero quizá la prueba definitiva de que estas bolsas sirven para guardar la semilla de la vida, el espíritu o el alma, representada en el semen, quizá se encuentre en una tumba encontrada en Oaxaca en la que se ven dos sacerdotes con dos bolsas que parecieran tener la forma del órgano de reproducción masculino. ¿Significa esto que las bolsas contienen el alma?¿La semilla viva que recibimos al nacer y nos abandona cuando morimos?

Sacerdotes sostienen bolsas con forma de órganos de reproducción masculinos en una tumba. Sala de Culturas de Oaxaca. Museo Nacional de Antropología de México. Fotos: Chico Sánchez

Mi teoría de que estas bolsas contienen las semillas de la vida y el alma queda demostrada cuando en el Palacio de Tetitla de Teotihuacán observo un mural representando la Creación en el que Chalchiuhtlicue, la contraparte femenina de Tlaloc, dios de la lluvia, aparece con los brazos abiertos esparciendo semillas con un chorro de agua que brota de la palma de sus manos.

Junto a la diosa, en el mismo mural, un sacerdote esparce con su mano izquierda semillas usando un chorro de agua que brota de la palma de su mano, semillas estas que saca de una bolsa que tiene en su mano derecha, lo cual prueba que estas bolsas contienen la semilla con la que los dioses sembraron la vida en la tierra.

El sacerdote y la diosa Chalchiuhtlicue esparciendo la semilla de la vida. Palacio de Tetitla, Teotihuacán, México. Fotos: Chico Sánchez

El dios descendente

Un tiempo después, observando en el Museo Nacional de Antropología de México la escultura del Dios Descendente Ah Muzen Cab, dios de las abejas y de la miel me pregunto: ¿Es posible que las bolsas sumerias, olmecas, zapotecas y mayas contengan el "ik" o "Espíritu" que ofrece el dios de las abejas en sus manos?¿Y podría compararse este "ik" o Espíritu con el "Espíritu Santo"?

Será varios meses después cuando, sin buscarlo, en el Templo de la Congregación de Guadalupe, en Querétaro, México, encontraré la respuesta en su pequeña capilla de la Divina Providencia.

En ella observaré a una paloma que representa al Espíritu Santo descendiendo del cielo y a mi mente vendrá la imagen del Dios Descendente o Dios Sacrificado, dios maya de las abejas Ah Muzen Cab, quién también desciende del cielo entregándole a los hombres el "Ik" o "Espíritu" del Dios Único y Dios del Cielo Hun Hunahpú.

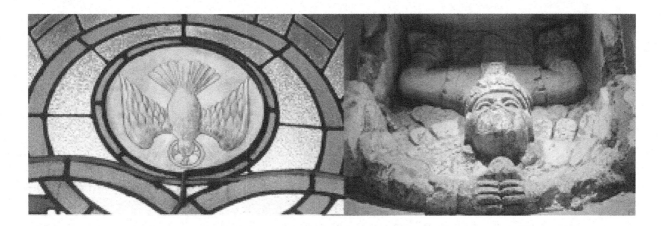

Representación del Espíritu Santo en el Templo de la Congregación de Guadalupe, Querétaro, México comparada con la imagen de Ah Muzen Cab, el Dios Descendente o Dios Sacrificado en el Museo Nacional de Antropología de México. Foto: Chico Sánchez

Altar de la Divina Providencia del Templo de la Congregación de Guadalupe, en Querétaro, México. Foto: Chico Sánchez

El Caracol

Si bien la arqueología oficial ofrece una versión muy diferente, en la ciudad tolteca de Tula un anciano me cuenta según un mito, para crear el mundo, el dios Ehecatl-Quetzalcoatl-Kukulkan tomó un caracol y lo "sopló" esparciendo así su "aliento", su Espíritu, por el mundo.

Este mito cobra sentido si se piensa que a Quetzalcóatl, dios del viento, se le representa con un caracol en el pecho.

De nuevo la casualidad hace que un día, mientras visito el Museo Nacional de Antropología de la Ciudad de México, al ver en un cristal reflejada la Tau o cruz franciscana con la que hice el Camino de Santiago que llevo puesta, me acuerdo de que el símbolo de Santiago Apóstol, Patrón de España: ¡También es un caracol!¡Santiago y Quetzalcóatl comparten el mismo símbolo!

A la izquierda el caracol que llevé conmigo durante el Camino de Santiago y a la derecha el caracol de Quetzalcóatl del Museo Nacional de Antropología de México. Fotos: Chico Sánchez

Los conquistadores

Siguiendo los pasos Hernán Cortés decido regresar a Extremadura, en España, y organizo una visita a la Semana Santa de Trujillo, en la provincia de Cáceres.

Mi idea es tomar fotos de las procesiones de noche y aprovechar las mañanas para buscar en museos y conversando con vecinos de la localidad.

Trujillo es un hermoso pueblo extremeño que pareciera sacado de un cuento de hadas y en él nacieron muchos de los conquistadores y constructores de la Nueva España y el resto de la América hispana.

La fortuna quiere que gracias a los hermanos Corrales de Cáceres, guardianes del Cristo Negro, mi guía sea el historiador más autorizado del mundo para hablar de estos personajes extremeños: El cronista de Trujillo José Antonio Ramos Rubio.

Tras décadas de investigación José Antonio ha encontrado a más de 1500 colonizadores del continente americano que salieron de este pueblo extremeño.

José Antonio me cuenta que los libros siempre hablan de Pizarro, conquistador del Perú, de Francisco de Orellana, quién descubrió el Amazonas, de Francisco de las Casas o Juan Pizarro Orellana. Pero que nunca se habla de la gran cantidad de pintores o arquitectos, como Francisco Becerra, por ejemplo, o Diego de Nodera, quién hizo la catedral de Cuzco en Perú, de Puebla de los Ángeles en México y de Quito en Perú. Arquitectos y artistas que después de construir muchos palacios en España se marcharon a América.

Las películas han logrado que existan muchos falsos mitos sobre los conquistadores, como por ejemplo que eran gente pobre y analfabeta que se iba a América.

Cuando le pregunto sobre este tema José Antonio me dice: "¿Porqué se fue Francisco Pizarro a América? No podemos decir que había mucha pobreza aquí en Trujillo. Los principales conquistadores como Pizarro, Hernán Cortés, Orellana, se marcharon porque aquí había terminado la reconquista en 1492 con la toma de Granada y ellos eran hombres de guerra, hombres que estaban acostumbrados a luchar, a pelear.

Los jóvenes conquistadores llegaban a los mercados que se celebraban en Trujillo, Cáceres, Plasencia o Zafra, y escuchaban historias que decían que allí en América había mucha riqueza, mucho oro. Esto lo hablaban en los mercados entre ellos. Las especias que traían, la tila, la manzanilla . Ellos escuchaban esto y decían: -Pues mira, en vez de estar aquí en Trujillo vagabundeando, pues me voy a América.

El mercado y las ferias hicieron el boca a boca para que ellos se marcharan de aquí a América. Imagina, por ejemplo, que eres Francisco de Orellana, un muchacho de diecisiete años que llega al mercado y en un puesto ve un paño de lino o una especie que no ha visto en su vida como la patata o el tomate. Y pregunta:-¿Oye y esto que es?¿Cual es esta fruta? Y el vendedor le responde: -Pues esta la he traído de América. -¿Y donde está eso? vuelve a preguntar. Y el otro le responde -Pues América está en tal sitio, y tal y tal.

Y entonces el joven se va a su casa y empieza a darle vueltas a la cabeza y empieza a decir: ¿Que hago yo aquí en Trujillo dando vueltas por estas calles de la villa? Pues me voy a América. Y se montaba en el primer barco y se iba para América."

La Plaza Mayor de Trujillo en Extremadura, España. Foto: Chico Sánchez

La equis

Durante los últimos trece años visité la Basílica de Nuestra Señora de Guadalupe en el Cerro del Tepeyac, en la Ciudad de México, para tomar fotos de la fiesta que se celebra en su honor el 12 de diciembre.

Mi idea es realizar, si Dios lo quiere, un libro de fotografías sobre la Patrona de México y Emperatriz de las Américas y también buscar información que me ayude a desvelar el gran misterio detrás de la milagrosa aparición guadalupana.

Una mañana, mientras tomo fotografías de una imagen de la Virgen de Guadalupe veo con asombro que el sol forma una extraña cruz en forma de equis "X" y me pregunto: ¿Dónde he visto yo antes esa "X"?

La "X" en el sol frente a la imagen de Nuestra Señora de Guadalupe. Basílica de Guadalupe, Ciudad de México. Foto: Chico Sánchez

La respuesta al enigma se encuentra, por esos extraños azares del destino, en los días posteriores al terremoto del 19 de septiembre de 2017 cuando en el techo de la capilla de una funeraria veo claramente el rostro de un hombre barbado dibujado en la pared.

Este hombre barbado, que identifico con Jesucristo, está creado por la luz de una lámpara de las que ponen en los museos que ha sido dirigida hacia el techo para que no deslumbre a las personas.

Cual será mi sorpresa al ver que el ser barbado, que a simple vista se veía en positivo, en la fotografía queda plasmado como un negativo fotográfico. ¡En dieciocho años que llevo tomando fotografías nunca me sucedió algo parecido!

Fotografía original que tomé días después del terremoto. Foto: Chico Sánchez

Buscando ayuda para descifrar el enigma le envío la imagen a Joao Cappas, de Cappas Insectozoo, en Vila Ruiva, Portugal, y quedo perplejo cuando me responde que hay "un guerrero águila maya de perfil". ¿Un guerrero maya de perfil? Me pregunto extrañado.

Sorprendido por su respuesta observo de nuevo la fotografía y compruebo que, efectivamente, a la derecha del hombre barbado hay un personaje maya. ¡Un personaje que no vi en ningún momento, ni antes ni después de tomar la fotografía!

Aunque pensemos lo contrario, nuestra realidad es que sólo vemos lo que conocemos y no podemos ver algo que desconocemos. No veremos algo que no podamos comprender y por eso lo que no puede ser concebido por nuestra mente nunca lograremos verlo.

Esto explica porqué Joao, que estudia los códices mayas, vio al personaje maya y yo, que soy andaluz y católico de nacimiento, vi al Cristo que aparece en la fotografía. Ambos vimos lo que ya conocíamos.

Después de aumentar el contraste en la fotografía se ven con más claridad ambos personajes y observándolos me pregunto: ¿Quiénes son estos dos personajes?¿Son quizá los dioses opuestos de los que hablan los mesoamericanos, Quetzalcoatl, el dios barbado que carga la cruz, y Tezcatlipoca, su malvado hermano, el espejo humeante, dios de lo invisible y la obscuridad?¿O son quizá Cristo, el Señor de los cristianos y el Anticristo, el Diablo, el Dragón, la Serpiente Antigua y Satanás?

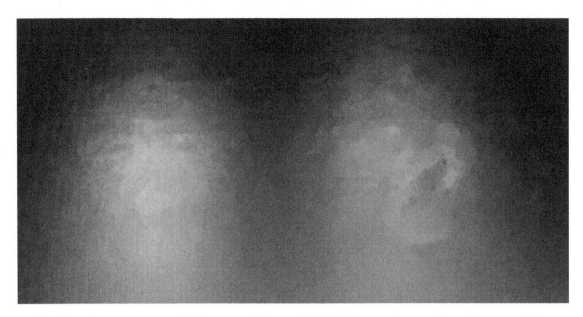

Ampliando el contraste se ven claramente el personaje barbado a la izquierda y la figura maya de perfil a la derecha. Foto: Chico Sánchez.

El misterio de la "X" se va desvelando pocos días después en el Museo Amparo de Puebla de los Ángeles, en México, donde por azares del destino, encuentro una pieza arqueológica que contiene este símbolo.

En la pieza aparece un personaje, probablemente un sacerdote de Chaac, que lleva la "X" en su corazón y tiene a la altura de sus hombros dos pequeños personajes mayas de perfil: ¡Personajes que son muy parecidos al maya de perfil que fotografié durante el terremoto!

La pieza arqueológica que tiene la "x" en el pecho y tiene a los lados dos personajes como el que fotografié en los días del terremoto. Museo Amparo de Puebla, México. Foto: Chico Sánchez.

La pieza arqueológica que tiene la "x" en el pecho y tiene a los lados dos personajes como el que fotografié en los días del terremoto. Museo Amparo de Puebla, México. Foto: Chico Sánchez.

Observando las imágenes no dejo de preguntarme: ¿Quiénes serán los extraños personajes que fotografié durante el temblor?¿Y que relación tendrán con los que permanecen a ambos lados del sacerdote de Chaac en la pieza del Museo Amparo de Puebla?

Según el diccionario un misterio es: "Un hecho o cosa cuya naturaleza, causa, origen o razón de ser no tiene explicación o no se puede entender".

Y como todavía no logro encontrar una explicación al enigma la extraña imagen que tomé los días del terremoto sigue siendo todavía un gran misterio.

La pieza arqueológica completa en la cual se ven la "x" en el pecho y dos personajes como el que fotografié en los días del terremoto a los lados. Museo Amparo de Puebla, México. Foto: Chico Sánchez.

La pandemia

Pandemia viene de "pandemon" o "pandemonio" que está formado por "pan" o "todo" y "demon" o "demonio". A su vez demonio viene del indoeuropeo "da-mo-" que significa división o diabólico, y por eso diablo o diábolos en griego significa: "El que divide".

Democracia, por lo tanto, significa "poder de los demonios" o "poder de la división", algo que tiene mucho sentido si recordamos que la democracia se organiza dividiendo a la sociedad por partidos.

Terminando este libro, en pleno pandemonio y con el Diablo desatando una campaña de terror nunca vista usando la excusa de un virus, mientras perdemos gran cantidad de nuestras libertades, entro a la página de Instagram de Arqueología Mexicana a buscar piezas arqueológicas relacionadas con sacrificios humanos en el México prehispánico y cual será mi sorpresa cuando encuentro una vasija verde con un par de cuernos que me resulta muy familiar. ¿Dónde habré visto yo antes esta vasija?

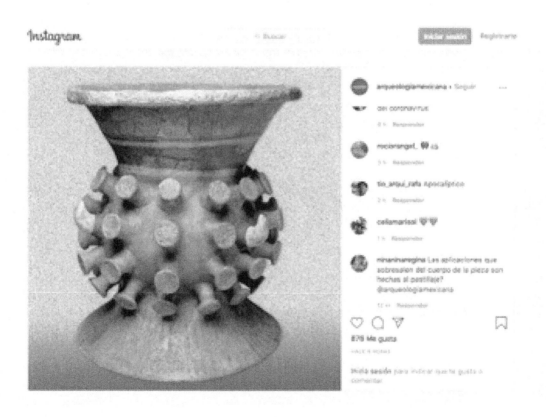

La vasija prehispánica publicada por @arqueologiamexicana.

La respuesta llega pocos minutos después cuando en las noticias observo con sorpresa: ¡Que el diseño por ordenador del virus del corona es idéntico a la vasija de sacrificios humanos mexicana!¡Sin duda que el que diseñó el virus debe ser arqueólogo o antropólogo y sabe mucho de la historia de la humanidad!

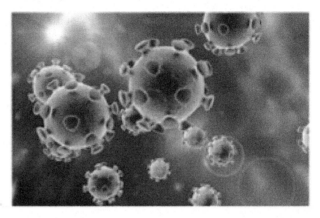

Researcher: What we know about the new corona virus

El que diseñó el virus por ordenador tiene un gran conocimiento sobre arqueología mexicana y sacrificios humanos. Capturas de pantalla: Karolinska Institutet y @arqueologiamexicana.

Los cucuruchos

Para conocer en primera persona a los descendientes directos de los conquistadores y constructores de la Nueva España decido asistir a la procesión del Cristo del Perdón que sale cada Viernes Santo de la iglesia de Santa María la Mayor de la Villa de Trujillo, templo en el que fueron bautizados muchos conquistadores.

Mientras el Cristo recorre la ciudad medieval, en los rostros de los vecinos trujillanos observo como algunos de ellos tienen los mismos rasgos indígenas que puedo ver cada día en la populosa Ciudad de México, hecho que se debe a que muchos conquistadores se casaron con indígenas y tuvieron descendencia con ellas.

Al contrario de lo que los promotores de la Leyenda Negra quieren hacer creer, los linajes mestizos hispanoamericanos, conocidos como "la raza", son una realidad.

A diferencia de los ingleses, franceses o alemanes, que extinguieron a los indígenas norteamericanos, en los países del centro y suramérica los españoles se casaron con las mujeres indígenas y de estos matrimonios nació una nueva raza.

Hay que recordar que en Argentina y Chile los indígenas fueron exterminados después de las independencias cuando estos países pasan a ser colonias inglesas.

Hace diecinueve años, cuando comencé a trabajar como fotógrafo para la prensa internacional, como reto personal comencé un estudio sobre la Semana Santa española y durante estos casi veinte años visité, año tras año, ciudades y pueblos de España, México y Guatemala, siendo Trujillo uno de estos muchos lugares.

Como muchos conoceréis una de las costumbres más peculiares de la Semana Santa española son los cucuruchos o capirotes, unos sombreros puntiagudos que llevan los penitentes que participan en las procesiones.

Penitentes en el Domingo de Resurrección. Prado del Rey, en la Sierra de Grazalema, Andalucía, España.
Foto: Chico Sánchez

Estos cucuruchos no son un invento moderno del Ku Kus Klan como creen los que ven demasiadas películas o demasiada televisión, ni tampoco son exclusivos de los católicos españoles.

Y esto lo descubro durante una visita al Museo Amparo de Puebla, en México, cuando me encuentro frente a una escultura de un sacerdote mesoamericano que tiene puesto un sombrero puntiagudo como el que llevan los penitentes en las procesiones de la Semana Santa española. ¡Esto es increíble!

Asombrado viajo atrás en el tiempo y me imagino el momento mágico en que los sacerdotes mayas vieron a los españoles luciendo los mismos cucuruchos que usaban los sacerdotes de su antigua religión.

El sacerdote con cucurucho del Museo Amparo de Puebla de los Ángeles, México. Foto: Chico Sánchez

Este descubrimiento hace que me pregunte: ¿Será quizá la costumbre de los cucuruchos o capirotes una herencia de una cultura antigua y común?¿Quizá una tradición que podría perderse en el comienzo de la historia de la humanidad?

El misterio se resuelve cuando en una tienda de libros antiguos de Coyoacán, en la Ciudad de México, me encuentro con una revista muy vieja que contiene un dibujo con unas piezas encontradas en el Cerro de Los Santos, en el municipio de Montealegre del Castillo, en Albacete, Murcia, España.

Las fascinantes piezas, pertenecientes a la España celtíbera, íbera y celta están datadas en el siglo IV antes de Cristo y son una prueba irrefutable de que los antiguos celtíberos: ¡Se ponían los cucuruchos o capirotes que se usan hoy en la Semana Santa!

Las piezas ibéricas del Cerro de los Santos, en ella se ven los cucuruchos y las mantillas que se usan todavía hoy en la Semana Santa española. Biblioteca de acceso libre Europeana Collections.

El hallazgo de estas piezas del Cerro de los Santos hace que me pregunte: ¿Son estos cucuruchos una prueba de que los antiguos mesoamericanos, los íberos y los celtas, formaron parte de una misma civilización?¿Quizá la Atlántida?¿Quizá la antigua Babilonia?

Persiguiendo mi sueño de conocer el pasado de la humanidad visité Belice, EEUU, España, Guatemala, Italia, Marruecos, México, Portugal, Puerto Rico y Venezuela. Y puedo decir que después de visitar todos estos lugares de América y Europa, cientos de lugares arqueológicos de civilizaciones tan diferentes como la fenicia o la maya, cientos de iglesias y catedrales, decenas de museos y colecciones privadas que van desde el Museo Vaticano al Museo Nacional de Antropología de la Ciudad de México, y después de hablar con cientos de personas, leer una gran cantidad de libros y estudiar muchos códices mesoamericanos, he llegado a la conclusión de que la historia oficial, la que nos cuentan en los colegios y en Wikipedia, pareciera haber sido manipulada y censurada con la intención de ocultar la verdadera historia humanidad y se ajusta muy poco, o más bien nada, a la realidad.

Arriba, de izquierda a derecha, maya con sombrero, penitente en España y mexica con sombrero. Debajo de izquierda a derecha, penitente en España, sacerdote maya y sacerdote fenicio. Fotos: Chico Sánchez y Europeana Collections (Abajo a la derecha)

Las pirámides

Será durante una visita a la ciudad maya de Edzná, en el Estado Campeche, en la Península de Yucatán, México, donde encontraré la prueba irrefutable de que en la antigüedad hubo una sola civilización, Babilonia, y la cual fue, en realidad, la mítica Atlántida de la que habla Platón.

Se dice que la Atlántida fue sepultada por una gran inundación y probablemente esa inundación sea la misma que narra la Biblia en la historia del Arca de Noé.

Edzná significa Casa de los Itzáes o Casa de los Mayas y según se cree esta ciudad fue abandonada, igual que muchas otras ciudades de Mesoamérica, durante un misterioso evento catastrófico sucedido el año 900 d.C.

Siempre que visito ciudades mayas quedado impactado por cada una de ellas, pero la pirámide de Edzná me produce una sensación extraña que me lleva a preguntarme: ¿Dónde he visto antes un edificio similar?¿Porqué me parece esta pirámide tan familiar?

La respuesta llega poco tiempo después cuando revisando libros viejos en las tiendas de libros de segunda mano me encuentro con una revista de arqueología que trae un dibujo del Templo de Bel o Babel en Babilonia. Como una imagen vale más que mil palabras, cuando comparo el templo de Bel o Babel con la pirámide de la ciudad maya de Edzná veo con sorpresa que: ¡La Torre de Babel y la pirámide de Edzná son idénticas!

Arriba, los "Muros de Babilonia y el templo de Bel o Babel" del ilustrador del siglo XIX (19) William Simpson. Abajo el templo principal de la ciudad maya de Edzná en Campeche, Península de Yucatán, México. Foto: Chico Sánchez

Los Gigantes

En los trece años que llevo residiendo en la Ciudad de México siempre que recibí a familiares, amigos o conocidos me ofrecí como voluntario para acompañarlos en la majestuosa ciudad de Teotihuacán.

Durante una de estas visitas, mientras subimos a la Pirámide del Sol, un amigo venezolano se sienta en las escaleras visiblemente cansado y me pregunta: ¿Pero qué pasa con estas escaleras?¿Pero estos tíos que eran gigantes?

Esa misma noche, recordando la broma de mi amigo sobre los gigantes decido buscar información sobre Teotihuacán y en el libro la Historia General de las Cosas de la Nueva España de Fray Bernardino de Sahagún encuentro estas palabras: "Idos los sabios, los que en Tamoanchan quedaban viéronse obligados a hacer frente a la ruptura de la tradición cultural, producida por aquel suceso, y cuatro ancianos que habían permanecido - entre ellos Oxomoco y Cipactonal- emprendieron el arreglo del calendario. Estando en Tamoanchan iban de allí a orar en Teotihuacan que, según esto, no estaba muy lejos. Se afirma que allí se enterraba a los señores y se mencionan las pirámides como obra de los gigantes." Así de misteriosa es la vida: ¡La broma de mi amigo sobre los gigantes se ha hecho realidad!

La Pirámide de la Luna, arriba y la Pirámide del Sol, abajo, en Teotihuacán. Fotos: Chico Sánchez

Casi todos conocen el diluvio universal de Noé que describe el Génesis de la Biblia pero muy pocos saben que en el Libro del Consejo de los mayas quiché de Guatemala, el Popol Vuh, también aparece un diluvio.

Este diluvio que describe el Popol Vuh maya aparece en el capítulo que habla de la destrucción de los hombres de madera sobre la cual se dice: "Entonces fue hinchada la inundación por los Espíritus del Cielo, una gran inundación fue hecha: Llegó por encima de las cabezas de aquellos maniquíes, [muñecos] construidos de madera. Eltzité [fue la] carne del hombre: pero cuando por los Constructores, los Formadores, fue labrada la mujer, el sasafrás [fue la] carne de la mujer".

Sobre los gigantes, a los cuales se les atribuye la construcción de Teotihuacán Génesis 6:1-2 dice: "Aconteció que cuando comenzaron los hombres a multiplicarse sobre la faz de la tierra, y les nacieron hijas, que viendo los hijos de Dios que las hijas de los hombres eran hermosas, tomaron para sí mujeres, escogiendo entre todas."

Siguiendo Génesis 6:4 diciendo: "Había gigantes en la tierra en aquellos días, y también después que entraron los hijos de Dios á las hijas de los hombres, y les engendraron hijos: éstos fueron los valientes que desde la antigüedad fueron varones de renombre."

Estos gigantes engendrados por las "hijas de los hombres" y los "hijos de los dioses" también aparecen en la mitología de la antigua Grecia pudiendo poner por ejemplo al héroe Hércules, hijo de Zeus (Deus-Dios), uno de los héroes que fueron hijos de dioses y mortales.

Será durante una visita al Museo Yusuf Al Burch, en la Casa Museo Árabe de Cáceres, Extremadura, España, donde encuentro una tablilla sumeria que pareciera representar estos mitos antiguos.

Labrada entre dos mil y cuatro mil años antes de Cristo, la tablilla muestra a unos animales cornudos pastoreados por unos gigantes y junto a ellos unos hombres muchísimo más pequeños.

Observando a estos gigantes sumerios me pregunto: ¿Es posible que Teotihuacán, Babilonia y la Atlántida fueran la misma civilización?¿Formaron estas tres civilizaciones parte de un mundo creado gigantes que destruyó Dios en un diluvio universal?¿Y pudo ser este diluvio la causa del abandono repentino y misterioso de las grandes ciudades mayas y mesoamericanas?

Si bien en el mundo de la arqueología no hay nada seguro y podría estar equivocado, según Platón, la mítica Atlántida se hundió en el fondo mar, por lo cual podríamos considerar que fue destruida por una gran inundación: ¿Significa esto que la Atlántida fue la civilización poblada por gigantes que destruyó Dios?¿Y fueron los mayas, los sumerios y los teotihuacanos, en realidad, parte de esta civilización Atlante?

Detalle de la tablilla sumeria del Museo Yusuf Al Burch de Cáceres, Extremadura, España.
Foto: Chico Sánchez

Los Atlantes

Cual será mi asombro cuando poco tiempo después durante una visita a la ciudad tolteca de Tula, en México, me encuentro por primera vez frente a unas esculturas colosales conocidas como: Los Atlantes de Tula

Hay un gran misterio en que la palabra más importante del idioma náhuatl mexicano es "atl", que significa agua, y precisamente Tula, lugar en el que se encontraron los Atlantes, significa "lugar de juncos", y los juncos crecen en lugares donde hay mucha agua.

Pero lo más importante es que si traducimos "Atl" como agua, usando el idioma náhuatl mexicano, Atlántida significaría: "Lugar acuático" o "Lugar del agua".

Contemplando a los Atlantes de Tula un anciano que vende artesanías a los visitantes me cuenta que a estos Atlantes los mayas y los toltecas los conocían como "cargadores" y que las enormes esculturas están, simbólicamente, cargando el cielo. ¡Gigantes cargando el cielo!¡Otra vez los gigantes!

En ese momento, observando a los atlantes de Tula cargando el cielo, recuerdo que según la mitología griega Atlante, Atlas o Atlantis, del griego antiguo Ἄτλας, 'el portador' y este de τλάω tláô, 'portar', 'soportar', fue un gigante o titán al que Zeus (Deus-Dios) lo condenó a cargar sobre sus hombros el cielo.

9: Los Atlantes

Los Atlantes de Tula. Foto: Chico Sánchez

El dios griego Atlas, en Astorga, León y un "cargador" maya en el Museo Nacional de Antropología de México. Fotos: Chico Sánchez

Las puertas

Sobre la Atlántida el libro "Los Atlantes en Yucatán" de Manuel Amábilis Domínguez dice: "También dividió la isla Atlántida y sus "cuatro puertas"...; al primogénito del primer par de mellizos le dio la Capital y toda la parte que la rodeaba y le nombró Rey de los demás, a quienes hizo Arcontes; pues a cada uno le dio el dominio sobre muchos hombres en las cuatro Puertas".

Impuso nombres a todos sus hijos; al mayor, o sea al Rey, a quien toda la Isla y sus posesiones estaban sometidas, le dio el nombre de Atlas, del cual se derivaron tanto el de la isla, como el del mar que la rodeaba y el de sus habitantes".

¿Confirmarían estos hallazgos la validez del texto de Amábilis?¿Son los atlantes de Tula y los cargadores mayas representaciones del "portador" Atlas, Rey de la Atlántida?

Amábilis continúa diciendo: "De esta manera el Continente Atlante o Atlántida, inició su progreso fabuloso bajo la guía espiritual de esta religión y sus sabios sacerdotes, y bajo el reinado de Poseidonis y su estirpe real, formada por los cinco pares de gemelos que tuvo su esposa Cleito…Entre estos gemelos repartió su reino; el cual, dotado de una muy grande riqueza mineral y de una naturaleza prodigiosamente óptima, colmaba a sus habitantes de abundantes productos; prosperidad a la que ellos aportaban también su trabajo y su inteligencia."

Según Amábilis, de las cuatro Puertas de la Atlántida una estaría en la Península de Yucatán y la otra en el sur de España, en lo que hoy es Cádiz, Andalucía y Extremadura. ¡Y no deja de ser afortunado que esos son los lugares que más he visitado durante todos estos años!

Sobre la decadencia que provocó la caída de la Atlántida Amábilis afirma que: "El cansancio de la Sub-raza 'Tolteca' y la progresiva influencia de los Turanios, se tradujo en el relajamiento de las costumbres, que se impregnaron de orgullo y anhelo de poder. La religión fue tergiversada, materializando los símbolos y las ceremonias iniciáticas, que se transformaron en ritos fanáticos y crueles. Se erigieron templos y estatuas a la gloria de personajes vivientes, cubiertas de oro y plata. Crearon sus ejércitos y armamentos para conquistar el mundo."

La teoría de Amábilis cobra mucho más sentido si se recuerda que, igual que los toltecas, los sumerios realizaban terribles sacrificios humanos a su dios Moloch y Baal Hammon, conocido por los cartagineses como Saturno el Africano o Satán el Africano.

La luna y el sol

La lectura del libro de Amábilis hace que me pregunte: ¿Existieron las Cuatro Puertas de la Atlántida? Y si fuera así: ¿Sería posible encontrar pruebas de su existencia?

La primera conexión entre las tradiciones mayas y españolas la encuentro en una visita a Joao, dueño de Cappas Insectozoo, a quién acudo para consultarle sobre el documento maya conocido como Códice Tro-Cortesianus o Códice Madrid.

Mi consulta se refiere concretamente a una página en la cual aparece la T, símbolo del Espíritu o "Ik", símbolo que encontré en mis visitas Yaxchilán y Palenque.

En la página aparecen la diosa Ixchel, la Luna, y el dios Itzamná, el Sol, representados como ancianos y sentados debajo de esta "T".

En el códice se representan las cuatro etapas de la vida, abajo los dioses aparecen jóvenes, y avanzando en la dirección de las agujas del reloj, son representados como adultos, ancianos y al final frente a la muerte.

En mi opinión estos personajes podrían ser considerados como la pareja primera, algo así como el Adán y Eva mayas, por lo cual serían la primera pareja creada por el dios maya único del cielo Hun Hunahpú, el Uno Único, al principio del Cuarto Sol.

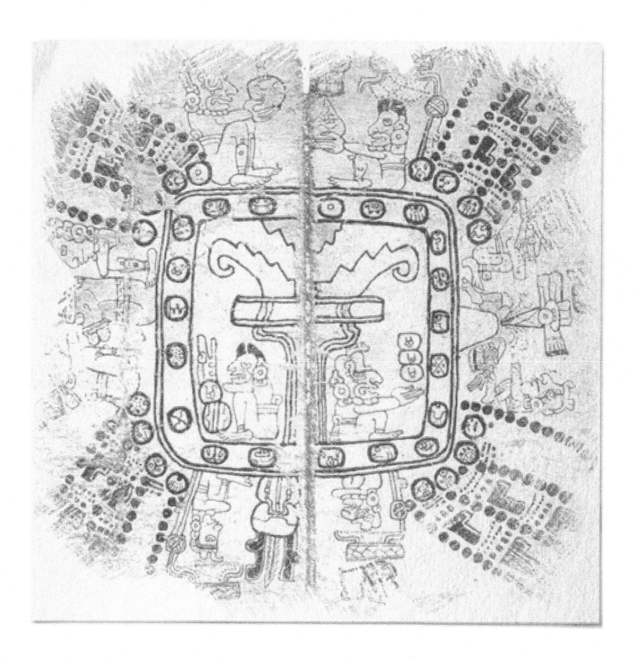

Sin embargo la simbología de la luna y el sol que aparece representada en el códice con Ixchel e Itzamná no es exclusiva de los mayas y en el catolicismo muchas imágenes de la Virgen María se muestran también con un aura rodeándola o con una corona representando al sol, y con la luna bajo sus pies.

Será en la capilla del Cerro del Tepeyac, en la Basílica de Nuestra Señora de Guadalupe, donde encuentro una prueba del paralelismo que existe entre las religiones católica y maya.

En el lado izquierdo de la cruz que forma el Templo del Cerro del Tepeyac, se encuentran dos altares, uno que tiene la imagen del Sagrado Corazón de Jesús decorado como un Sol y otro que tiene la imagen de San Martin de Porres, un santo de raza negra, decorado con la Luna. Y este es el simbolismo que los mayas usaban para representar a Itzamná e Ixchel.

San Martín de Porres frente a la Luna y Cristo frente al Sol. Cerro del Tepeyac, Basílica de Nuestra Señora de Guadalupe, Ciudad de México. Foto: Chico Sánchez

El dios viejo

Todos los que hemos vivido en la cristiandad conocemos la representación de Dios como un sabio anciano de barbas blancas que vive en el cielo. Sin embargo muy pocos conocemos que en la religión maya también existe ese mismo dios viejo que vive en el cielo.

Este dios viejo, el cual hemos visto antes en el Códice Madrid, es Itzamná y su nombre significa "Casa del Rocío". ¿Y cuál es la casa del rocío? Pues si tenemos en cuenta que el rocío es el agua que nace cada mañana durante el amanecer, cuando duerme la luna y despierta el sol, pues queda claro que la "Casa del Rocío" es, sin ninguna duda, el Cielo, la Casa del Sol y la Luna.

Es innegable que las dos civilizaciones, la católica y la maya, compartían muchos símbolos, costumbres y tradiciones, y entre estas costumbres estaba un gran respeto a los abuelos y ancianos. Gran respeto que tiene todo el sentido lógico ya que los ancianos, hoy despreciados y considerados una carga para nuestra sociedad, atesoraban algo que es mucho más valioso que la fuerza o el vigor: El conocimiento que da la experiencia y la sabiduría que otorgan los años.

Los "abuelos" o "viejitos" Ixchel e Itzamná. Códice Madrid. Museo de América. (Reproducción)

Hoy, mientras escribo este libro, el sagrado respeto por los ancianos ha desaparecido completamente y nuestra sociedad, guiada por jóvenes sin principios, sin experiencia, sin conocimiento y sin sabiduría, está colapsando.

Demostrando su gran ignorancia muchos medios de comunicación y muchas universidades han vendido la mentira envenenada de que, con la llegada de los españoles, las tradiciones mexicanas ancestrales desaparecieron, sin embargo este libro te demostrará que las antiguas tradiciones prehispánicas mexicanas siguen vivas y que es precisamente hoy cuando las están destruyendo o queriendo destruir.

Un ejemplo de estas tradiciones ancestrales está en la danza de los viejitos, celebración que tiene su origen en los mitos de los dioses viejitos Ixchel e Itzamná, la Luna y el Sol.

Sobre la creación de la luna y el sol Génesis 1:14-19 dice: "Entonces Dios dijo: «Que aparezcan luces en el cielo para separar el día de la noche; que sean señales para que marquen las estaciones, los días y los años. Que esas luces en el cielo brillen sobre la tierra»; y eso fue lo que sucedió. Dios hizo dos grandes luces: la más grande para que gobernara el día, y la más pequeña para que gobernara la noche. También hizo las estrellas. Dios puso esas luces en el cielo para iluminar la tierra, para que gobernaran el día y la noche, y para separar la luz de la oscuridad. Y Dios vio que esto era bueno. Y pasó la tarde y llegó la mañana, así se cumplió el cuarto día."

Igual que en el Génesis, en los códices mayas Ixchel e Itzamná, el Sol y la Luna, marcan nuestros días, nuestras estaciones y las nuevas eras en las que vivirán los hombres.

La danza de los viejitos en la Basílica de Guadalupe en la Ciudad de México. Foto: Chico Sánchez

La danza de los viejitos en la Basílica de Guadalupe en la Ciudad de México. En los danzantes guadalupanos se encuentran vivas muchas de las tradiciones olmecas, toltecas y mayas prehispánicas fusionadas con las católicas. Foto: Chico Sánchez

La casa del rocío

Con la idea de encontrar pruebas de que una de las cuatro Puertas de la Atlántida se encuentra en el suroeste de España como afirmó Amábilis organizo una visita a la Ermita de la Virgen del Rocío en Almonte, Huelva, Andalucía, España, durante su principal celebración: La Romería del Rocío.

La Ermita de la Virgen del Rocío, conocida como la Blanca Paloma y la Divina Pastora, se encuentra rodeada de unas marismas, un lugar en el que hay muchísima agua, descripción que coincide con la descripción de la Atlántida.

La Virgen del Rocío en su procesión frente a las marismas. Foto: Chico Sánchez

Esta celebración, conocida como Romería del Rocío, es una de las peregrinaciones más antiguas de España y según algunos historiadores tiene su origen en Tartessos, una civilización que los griegos consideraban la más antigua de Occidente.

Esta civilización primera, Tartessos, estaba localizada en las provincias andaluzas de Huelva, Sevilla, y la provincia donde yo nací, en Cádiz.

Mientras contemplo imagen dorada de la Virgen del Rocío, pensando en las teorías de Amábilis me pregunto: ¿Fueron los Tartessos los míticos Atlantes?¿O fueron herederos de los atlantes como los toltecas?

Al amanecer del día siguiente, cuando al amanecer los primeros rayos de sol bañan el vestido dorado de la Virgen del Rocío y observo maravillado como la Divina Pastora, literalmente: ¡Brilla como si fuera un sol!

En ese momento, contemplando fascinado a la Virgen del Rocío iluminada como un sol, a mis pies veo las plantas cubiertas de rocío, el que nace del Cielo cada amanecer y recuerdo maravillado que Itzamná, el Sol significa: ¡La Casa del Rocío!

La Virgen del Rocío, dorada como el sol del amanecer en la Ermita del Rocío, Almonte, Huelva, Andalucía, España e Itzamná, la "Casa del Rocío", representación maya del sol, en el Museo Amparo de Puebla, México. Fotos: Chico Sánchez

El cáliz

Mi viaje continúa en la ciudad Maya de Kabah, en la Ruta Puuc, en Yucatán, México, donde encuentro un símbolo parecido a un sol tallado en la piedra que me resulta muy familiar. ¿Donde he visto antes este símbolo?

El misterio se resuelve pocos meses después cuando mientras visitamos la Iglesia del Carmen Alto de Oaxaca, México, a la capilla llega un sacerdote para realizar el ritual en el cual la custodia se dirige hacia los cuatro puntos cardinales y en ese mismo momento comprendo que ¡La custodia es el mismo símbolo que está grabado en las paredes de la ciudad maya de Kabah!

Es fascinante imaginar el día en que los sacerdotes mayas vieron por primera vez a los sacerdotes españoles sosteniendo en sus manos un símbolo dorado, la custodia, igual a los que se encuentra en la abandonada ciudad maya de Kabah.

A la derecha la custodia de la Iglesia de San Juan Bautista de Coyoacán y a la izquierda el símbolo que fotografié en la ciudad maya de Kabah. Fotos: Chico Sánchez

Unos meses después, observando la custodia de la Iglesia de San Juan Bautista de Coyoacán, pienso en la gran cantidad de presagios y señales que anunciaron el cumplimiento de la profecía.

Primero los barcos que llegaron empujados por el aliento de Ehécatl, el dios del viento, y que traían en sus velas las cruces rojas de Chichen Itzá, Monte Albán y Ah Muzen Cab.

Barcos que trajeron con ellos a unos hombres blancos, como el fundador del linaje Pech o el autor del Chilam Balam, que traían a un dios barbado que cargaba una cruz igual que el dios Ehécatl que aparecía en los códices.

Además, los franciscanos llegaron con una cruz de madera, símbolo del Sacrificio de la Sangre de Cristo, que tenía la misma forma que la cruz del Gobernante de Palenque Ul Chic, el Gran Pakal.

Pero, por si fuera poco, estos franciscanos también traían en sus pechos una "T", el símbolo "Ik", símbolo del Espíritu, símbolo de Ehécatl, que también decoraba los códices, las ventanas de los templos de Palenque y las estelas de Yaxchilán.

Y aunque esto pudiera ser casualidad, el dios que traían los españoles era pescador y caminaba por el agua, igual que el personaje de la Estela 1 de Izapa.

También el Espíritu Santo del dios pescador bajaba del cielo en forma de ser alado para iluminar a los hombres igual que el Dios Descendente y dios de las abejas Ah Muzen Cab.

Igual que el Dios Único y Omnipotente, Creador de todas las cosas, Hun Hunahpú, el Dios que vino con los españoles, el mismo que anunció el Chilam Balam, vivía en el Cielo, era Único y se le representaba como a un anciano como a Itzamná.

Como anunció Quetzalcóatl cuando prometió su venganza, los hombres barbados que destruirían Tenochtitlán llegaron del Este y trajeron con ellos a una Señora, la Virgen María, que quedó embarazada por intervención de Dios, igual que la princesa maya Ixquic, que se quedó embarazada con la Palabra del dios Hun Hunahpú.

Pero, por si esto fuera poco, la princesa maya Ixquic dio a luz a unos gemelos divinos que bajaron al Inframundo para derrotar al Mal, murieron y después resucitaron. Y la Señora que trajeron los españoles, la Virgen María, también dio luz a un hijo, Cristo, que bajó hasta el Infierno para derrotar a la Muerte y después resucitó.

La danza del sol

Durante los últimos doce años tomé fotos con mi teléfono de las diferentes formas geométricas que se forman en el sol.

Esta búsqueda, que llamo Arqueología de la Luz, se me ocurrió durante una visita al Palacio de Tetitla en Teotihuacán, México, cuando un guía me mostró un rectángulo lleno de agua en el suelo y me explicó que los sacerdotes astrónomos teotihuacanos usaban estos espejos de agua para observar en ellos el reflejo del cielo.

Una tarde, durante una visita turística a la ciudad de Querétaro, cuando le tomo una foto a la escultura del Danzante Chichimeca que hay junto al Templo de San Francisco de Asís, veo con asombro que el Sol está creando una cruz perfecta.

Esta cruz, conocida por los católicos como la Cruz de Malta, es la misma que encontré en la espalda del águila de Chichén Itzá y que venía en las velas de los barcos de los españoles.

Pero será un tiempo después en la Iglesia de San Sebastián Bernal donde encontraré una pequeña custodia que tiene la misma forma que la cruz que apareció frente al danzante chichimeca de Querétaro, lo cual probaría que la custodia católica es una representación del sol, el mismo sol que aparece representado en las paredes de la ciudad maya de Kabah.

La cruz que fotografié en el cielo de Querétaro frente al Danzante Chichimeca es la misma cruz que se ve en la custodia de la Iglesia de San Sebastián Bernal. Fotos: Chico Sánchez

Las águilas

Mi búsqueda de las señales que vieron los sacerdotes mayas y católicos durante el encuentro de Europa y América hace poco más de quinientos años continúa en los sitios mayas de América Central donde encuentro una pieza muy importante: Las dos aves entrelazadas de la ciudad maya de Copan, en Honduras.

La pieza tiene dos aves entrelazadas, un quetzal y un guacamayo, y se encuentra en un templo dedicado a K'inich Yax K'uk' Mo', primer gobernante y fundador de la dinastía de Copán. ¿Dónde he visto yo antes una imagen similar?¿Donde he visto a estas dos aves entrelazadas?

El misterio se resuelve poco tiempo después cuando al montarme en el metro de la Ciudad de México para visitar la Basílica de Nuestra Señora de Guadalupe veo una publicidad de la Universidad Nacional Autónoma de México (UNAM) que tiene un escudo de un águila de dos cabezas y comprendo que el parecido que tiene con el escudo de Copán es notable.

Después, cuando investigo el origen de el águila bicéfala de la UNAM, descubro que su origen no es maya, sino que viene del Águila bicéfala indoeuropea, cuyo origen se remonta al inicio de los tiempos, y que figuraba en el escudo imperial de Carlos I de España y V de Alemania, quién reinaba en España en el tiempo de la llegada de los españoles a Honduras. Es fascinante imaginar lo que sintieron los sacerdotes mayas cuando vieron a los soldados españoles llegar con unos estandartes que traían un águila de dos cabezas tan similares a la del símbolo de la dinastía de Copán y sus dos aves entrelazadas.

Escudo de las dos aves entrelazadas del templo dedicado a K'inich Yax K'uk' Mo' de Copán, Honduras. Águila de dos cabezas del escudo imperial de Carlos I de España y V de Alemania sobre la bandera de España. Foto: Chico Sánchez

Un extraño parecido

Durante una visita al Museo de Palenque, en Chiapas, una turista norteamericana me dice: "Hey! Look! That´s you!" Lo que quiere decir: ¡Eh! ¡Mira! ¡Eres tú!

Después de esto la turista me pide mi propio teléfono, me hace una foto y yo, sin hacerle mucho caso, sigo mi visita y me olvido del asunto.

Varios meses después, revisando mis archivos encuentro la fotografía, la pongo en el escritorio de mi computadora y cual será mi sorpresa cuando revisando archivos de Palenque encuentro una escultura de un personaje maya y, aunque sea de forma anecdótica, veo con asombro que: ¡Me parezco mucho al personaje maya como me dijo la turista!

El parecido es muy curioso, su nariz tiene una curva muy parecida a la mía y la forma de la frente es casi idéntica.

En estos tiempos de dictadura del pensamiento en los cuales imaginar está prohibido, me gusta mucho retar a las personas y enseñarle las dos fotografías para ver su reacción.

Para la sociedad actual, fanatizada, cerrada e ignorante, cualquier cosa que desafíe lo establecido está considerado un crimen. Y es por esto que las reacciones de las personas son siempre las mismas: O miedo, o burla o ira.

Nadie quiere imaginar que la vida y nuestro mundo puede ser hermoso, misterioso o mágico. Prefieren el miedo al valor. Prefieren el odio al amor.

Como es normal, muchos de los que ven la imagen, fieles a la programación y prejuicios que nuestra sociedad les impone, deducen inmediatamente, movidos por su ego, que les estoy mostrando mi parecido con el maya de Palenque, el Rey Pakal, porque pienso que en otra vida fui ese personaje.

Por supuesto que teniendo en cuenta que la ciudad de Palenque fue abandonada siete siglos antes de la llegada de los españoles y sabiendo que yo nací en 1971, estaría yo loco si pensara que soy ser el personaje que aparece en la escultura.

Sin embargo hay otra forma muy interesante de verlo: ¿Y si mi parecido con la escultura de Palenque fuera la prueba de que Amábilis tenía razón y tanto la tierra de los mayas como el sur de España fueron una misma civilización hace muchos miles de años?¿Podría ser quizá este personaje un descendiente del linaje Pech, el antiguo hombre blanco y barbado que fundó Motul en Yucatán?¿Puede que yo mismo sea la prueba de un linaje genético común entre España y América?

Atreverse a decir que esta foto es una prueba de esto sería una locura, ya que aunque el parecido es importante, no se puede negar que podría ser una simple casualidad.

Sin embargo, como gracias a Dios este no es un libro "científico", me gusta pensar que mi parecido con Pakal, Rey de Palenque, es la prueba de que Amábilis tenía razón y el parecido de mis facciones con las de él, es una prueba de que hace miles de años hubo una civilización, la Atlante, poblada por hombres y gigantes, que fue destruida por Dios con un gran diluvio.

La fotografía que me toma la turista norteamericana y la escultura de Pakal expuesta en el Museo de sitio de Palenque "Alberto Ruz L'Huillier". Foto: Chico Sánchez

El Señor Ul Chic

Durante una visita a la ciudad de Palenque, Chiapas, México, contrato a un guía y le pido que, por favor, no me cuente la manipulada y aburrida historia oficial que le obligan a contar cuando dan el "permiso" para ser guías.

Aunque en un primer momento el anciano no pareciera estar de acuerdo, le insisto que quiero conocer el verdadero Palenque, el mágico, el vivo, y no la aburrida y manipulada historia oficial.

Viendo mi insistencia el anciano me dice que le he caído bien, y que como es muy anciano y sabe que morirá pronto, me contará el secreto mejor guardado de Palenque.

Sonriendo el anciano me dice que el gran secreto es que Pakal, gobernante de Palenque, no se llama Pakal, y yo asombrado me pregunto: ¿Pero cómo es esto posible?¿Estará este hombre burlándose de mí?

Después, el anciano toma un papel, escribe un nombre y me dice que el nombre Pakal "se lo inventó un arqueólogo" y que el nombre verdadero del Gobernante de Palenque es "Ul Chic o Ul Xic".

Como soy andaluz y los andaluces no podemos evitar hacer buenas bromas, tomo el papel y le escribo que entonces Pakal se llamaba como yo: ¡Ul Chico o El Chico!

Después de reírnos a carcajadas le pregunto al anciano el significado de Ul Chic o Ul Xic, y el anciano me dice que lo desconoce y que desde ese momento mi misión será desvelar ese misterio.

Tras escuchar durante el resto de nuestra visita las fascinantes experiencias vividas por el anciano en décadas trabajando en Palenque me despido prometiendo que si logro desvelar el misterio regresaré a comunicárselo personalmente.

Cuando el corazón y la voluntad son guiados por la Providencia, por lo Eterno, por la Fe, lo que parece imposible puede ser muy sencillo. Y sobre ese poder, el poder de la Fe, Cristo dijo: "En verdad os digo que cualquiera que diga a este monte: 'Quítate y arrójate al mar, y no dude en su corazón, sino crea que lo que dice va a suceder, le será concedido.'

Una persona "normal" hubiera pensado: ¿Pero qué va a saber un humilde anciano chiapaneco que no tiene cuarenta "masters" ni veinte "carreras" de la universidad? Y si las mejores universidades del mundo ya dijeron que se llama Pakal: ¿Quién es un anciano maya, que lleva trabajando en el sitio muchísimos años, para cuestionar a "doctores" y "profesores"?

Sin embargo, como no soy "normal" y me gusta creer en las personas y no en los títulos, con gusto acepto la tarea que me encomienda el anciano y emprendo la búsqueda del significado de Ul Chic o Ul Xic, el verdadero nombre de Pakal.

Aunque pueda parecer una locura, estas aventuras inesperadas, llenas de magia, son las más enriquecedoras y gratificantes que podemos vivir.

Movido por una fuerte intuición esa misma noche le escribo a José Cristal, hermano de Josué Cristal, jugadores de pelota guatemaltecos y protagonistas muy importantes de mi libro La Profecía de los Jaguares, y cual será mi sorpresa cuando José me dice que el "Xic" es un ave, y concretamente "un águila que come serpientes". ¡Ul Xic significa Señor Águila que Come Serpientes!¡Y México tiene en su escudo un águila comiéndose una serpiente!¡El anciano chiapaneco tenía razón!

Pocos meses después, durante una visita al museo Cappas Insectozoo de Vila Ruiva, en Cuba, Portugal, le pido a Joao Cappas que me ayude a resolver el misterio y este se acerca a su biblioteca, donde tiene decenas de reproducciones de códices mayas, libros sobre los mayas y diccionario de maya, y tomando en sus manos un enorme diccionario publicado por la editorial mexicana Porrúa, busca la palabra Xic y comprobamos que, como me dijo José Cristal, el Xic es un águila o ave cazadora.

El descubrimiento, sin duda, es el más importante de este libro: ¡El verdadero nombre de Pakal es: Señor Águila que come Serpientes!¡Y por eso el escudo de México tendría pintado en su escudo un Águila que come Serpientes!

Según el anciano el verdadero nombre del Señor de Palenque es Ul Xic, que significa Señor Águila que Caza Serpientes. De forma impresionante la historia concuerda ya que Xic significa "águila que caza serpientes", palabra que está dentro de la palabra México, país que tiene en su escudo a un águila que come una serpiente. Nuestra Señora de Guadalupe con la bandera mexicana en la Basílica de Nuestra Señora de Guadalupe en la Ciudad de México. Foto: Chico Sánchez

Un regalo inesperado

Después de publicar mi libro La Profecía de los Jaguares con la afortunada compañía de Milagros llego hasta una anciana que trabajó muchos años en las excavaciones de la ciudad maya de Palenque.

En varios encuentros acompañados de café y chocolates amargos mexicanos, la hermosa anciana, que tiene noventa y seis años, me abrirá su corazón y me contará una gran cantidad de historias fascinantes sobre Palenque, la ciudad de Ul Chic, el Señor Águila que Caza Serpientes.

Por motivos que no comprendo pero respeto, esta anciana me pedirá que no publique en este libro ninguna de sus experiencias por lo que, para bien o para mal, sus historias pasarán al olvido como si nunca hubieran sucedido.

Sin embargo, hay una anécdota que sí puedo contar y le aportará un toque mágico a este diario.

Cuando en nuestro primer encuentro le regalo un ejemplar de mi libro La Profecía de los Jaguares, la anciana le pide a su hija que en agradecimiento busque para mí un regalo en el baúl de sus recuerdos.

Después de unos minutos su hija aparece con un valioso Ex libris que compraron catorce años atrás para un sobrino que "por una cosa y por otra" nunca pasó a recogerlo y cual será nuestra sorpresa cuando al poner el sello del Ex Libris en la primera página de mi libro: ¡Descubrimos que el sello contiene un jaguar idéntico al que aparece en la portada de La Profecía de los Jaguares!¡El Ex Libris llevaba catorce años esperándome!

El ex libris que me regala la anciana que trabajó en Palenque.
Foto: Chico Sánchez

El ex libris que me regala la anciana que trabajó en Palenque tiene el mismo dibujo que la portada de mi libro La Profecía de los Jaguares. Foto: Chico Sánchez

Las señales

Paseando por los alrededores de la Capilla de La Conchita, en el histórico barrio de Coyoacán, en Ciudad de México, me encuentro frente a una señal qué dice: "Hacienda de Cortés" y decido comprobar si realmente el lugar, que hoy es un restaurante, perteneció al conquistador de Medellín, Extremadura, España.

El lugar conserva todavía la majestuosidad de aquellos tiempos en los que Nueva España, hoy México, era uno de los países más ricos y poderosos del mundo.

Y aunque en la Hacienda de Cortés no encuentro ningún detalle histórico para incluir en este libro, el lugar me regala un momento único cuando al fotografiar la pequeña pirámide teotihuacana que decora su hermoso jardín una impresionante lluvia de sol, también con forma pirámide, baña con luz a la pirámide.

La pirámide de la Hacienda de Cortés en Coyoacán, México. Foto: Chico Sánchez

La fiesta de la cruz

Durante un viaje por Baja California, México, unas personas me invitan vivir el equinoccio de primavera en San Sebastián Bernal, Querétaro, México.

Al llegar al centro de Bernal entro en una pequeña tienda y en ella veo a un señor vestido de danzante conchero que tiene un gran parecido con uno de mis tíos que vive en España.

Cuando le digo al danzante que me recuerda muchísimo a mi tío la Fortuna hace que él lo vea como buena señal y me invite a acompañarle a conocer la fiesta de la cruz que se celebra esos días en la localidad.

En la celebración los danzantes visitan las iglesias del pueblo llevando unas cruces con espejos mientras repican sus conchas, suenan caracoles, tocan tambores y cantan canciones.

Cada vez que llegan a una iglesia o capilla los danzantes entran, las puertas se cierran y todos se arrodillan para rezar frente al altar principal.

Después de los rezos uno de los danzantes sube al altar, coloca sobre él una pequeña estatuilla de un ídolo mesoamericano y se realiza una danza.

Quizá esta haya sido la expresión viva de mestizaje más importante que he vivido en todos estos años.

Para muchos fanáticos ambas tradiciones son irreconciliables, sin embargo, la realidad es que la tradición de Bernal es fruto de un acuerdo realizado hace siglos entre chichimecas y españoles.

La protagonista principal de esta festividad es una cruz hecha de espejos, tradición de origen prehispánico del culto a Tezcatlipoca, El Espejo que Humea, hermano de Quetzalcóatl, que después de visitar todos los templos es llevada hasta la cima de la Peña de Bernal de madrugada.

Muchas veces la Fortuna nos abre puertas de la forma menos esperada y es gracias al gran parecido del danzante con mi tío, que tendré la fortuna de asistir a esta celebración de la Fiesta de la Cruz, en la cual normalmente no participan los turistas.

El danzante chichimeca frente a la cruz. Querétaro, México. Foto: Chico Sánchez

El milagro de la cruz

Varios años después el escritor Edgardo Cabrera Delgado me invita a regresar a San Sebastián Bernal para presentar mis libros en su Hostal Medieval, un hermoso lugar a los pies de la impresionante Peña de Bernal, uno de los monolitos más grandes del mundo.

Durante el evento proyecto la fotografía del danzante chichimeca de Querétaro frente a la cruz y cuando termino uno de los vecinos se acerca y me pregunta si conozco la leyenda que hay detrás de esta cruz.

Cuando le confieso que no el señor me cuenta que según la tradición oral, un día mientras que españoles y chichimecas se enfrentaban en una cruenta batalla, hubo un eclipse total de sol, el cielo se obscureció y apareció una cruz que hizo que ambos ejércitos interrumpieran la lucha, se arrodillaran y hicieran un acuerdo de paz.

Fue ese día cuando los chichimecas adoptaron la religión católica y los católicos permitieron que estos conservaran parte de sus tradiciones.

Esa misma noche, la fortuna hace que un vecino de San Sebastián Bernal nos invite a conocer una antigua cruz tolteca custodiada por una familia en una pequeña capilla privada.

La capilla es un ejemplo vivo de cómo hace cientos de años, gracias al milagro de la cruz, dos pueblos enemigos abandonaron las armas haciendo entre ellos un pacto de paz que ha perdurado hasta el día de hoy.

La cruz tolteca que me muestran en un pequeño pueblo de Querétaro. Foto: Chico Sánchez

Cruz de la capilla donde se encuentra la antigua cruz tolteca. Querétaro, México. Foto: Chico Sánchez

La Estrella de Salomón

El cielo y la tierra, la luna y el sol, la tierra y el mar, los bosques y los desiertos, los valles y las montañas, son maravillas de la Creación que llevo muchos años observando y admirando.

Mientras escribo este libro, confinado por la dictadura del miedo, privado de mi libertad como si fuera un delincuente y obligado a ponerme un bozal como un animal, me pregunto si los que quieren gobernar el mundo y esclavizar a la humanidad lograrán que la gente renuncie a vivir por su miedo a morir. ¿De qúe te sirve estar vivo si no te dejan vivir?¿De qué te sirve vivir seguro en una jaula sin candado ni rejas?

Durante mi larga búsqueda de los diferentes fenómenos del cielo y de la tierra, he llegado a la conclusión de que los símbolos religiosos son claves para comprender la naturaleza de la realidad. Y no me refiero a que deban ser adorados, sino a que los símbolos religiosos son muy importantes para comprender cómo funciona nuestro mundo.

Mi búsqueda de los símbolos sagrados comienza un día cuando paseando por el puente del castillo de Sant' Angelo en Roma, construido por el emperador hispano romano Adriano, le tomo una foto de una escultura de un ángel y observo que su mazo pareciera estar alterando el sol y formando una estrella de ocho puntas, conocida como Estrella de Salomón, en honor a este rey hebreo que aparece en la Biblia.

La Estrella de Salomón y el Ángel de San Ángelo en Roma. Foto: Chico Sánchez

En el Nuevo Testamento, en el versículo 4:18 de Corintios 2 se dice: "No mirando nosotros las cosas que se ven, sino las que no se ven; pues las cosas que se ven son temporales, pero las que no se ven son eternas." Y cada vez que contemplo estas extrañas señales en el cielo me pregunto: ¿Cuántas cosas maravillosas, cuántas pequeñas señales y cuántas pequeñas alegrías dejamos de ver mientras huimos a toda prisa en nuestro viaje a ninguna parte?

Todos nacemos con un destino y el mío pareciera ser la dura y difícil misión de adentrarme en lo misterioso y en lo desconocido.

La estrella de ocho puntas reaparecerá muchos años después durante el amanecer del Miércoles Santo, cuando escuchando los rezos de la Mezquita de Tánger, en Marruecos, África, le tomo al sol una fotografía pintando de dorado las aguas del Estrecho de Hércules o Estrecho de Gibraltar.

Observando la majestuosa estrella me pregunto: ¿Será posible que nuestras oraciones y deseos construyan la realidad que vemos?¿O es que cada lugar tiene su propia vibración? Y estas preguntas me las hago porque, curiosamente, la bandera de Marruecos tiene una estrella de ocho puntas: ¡Como el sol de Tánger!

El sol crea una estrella de ocho puntas en Tánger. Foto: Chico Sánchez

Si apagas la televisión o sales de las redes sociales descubres que la vida es un viaje hermoso y misterioso. Una vez vives libertad, la vida real, comprendes que la imagen que ves en la pantalla es como el sueño que se desvanece cuando despiertas.

Y aunque la imagen en una pantalla puede servirte para recordar tiempos pasados o soñar tiempos futuros, esta pantalla jamás podrá mostrarte la magia de la vida ni llevarte a la verdadera realidad. Por eso vivimos en la sociedad más asustada, deprimida y triste de la historia.

Si permitimos que las imágenes de la pantalla se conviertan en nuestra realidad habremos renunciado a vivir y perderemos por completo nuestra libertad.

Según Plutarco, Tingé (Tánger), fue esposa del Rey Anteo, un gigante hijo de Poseidón y Gea, que fue vencido y muerto por el semidiós Hércules, hijo de Zeus.

Zeus proviene de la palabra indoeuropea "dyeu", palabra de la cual provienen Zeus, Deus y Dios. Dyeu significa "luz diurna", lo cual quiere decir que Hércules era Hijo de Zeus o Hijo del Sol.

Ese mismo día, cruzando el Estrecho de Hércules, dejamos África y ponemos rumbo a mi pueblo, Prado del Rey, en la Sierra de Grazalema, Andalucía, al sur de España.

Es Miércoles Santo de Semana Santa y quiero tomar fotografías de la procesión del Nuestro Padre Jesús Nazareno y María Santísima de la Esperanza.

Cual será mi sorpresa cuando al fotografiar el paso en el que van las imágenes de la Virgen María y el Nazareno: ¡Veo que está decorado con el mismo sol octogonal que tomé ese amanecer en Tánger!

El paso de Nuestro Padre Jesús Nazareno y María Santísima de la Esperanza de mi pueblo Prado del Rey, en la Sierra de Grazalema, Cádiz, España, tiene la misma estrella de ocho puntas que fotografié ese mismo amanecer de Miércoles Santo en Tánger, Marruecos, África. Foto: Chico Sánchez

El juego

Sobre la Sabiduría la Biblia dice en Proverbios 8:30:

Yo estaba a su lado poniendo la armonía,
Y día tras día en eso me divertía,
Y continuamente jugaba en su presencia.
Me entretengo con este mundo,
Con la tierra que ha hecho.

Después de trece años viajando, leyendo y conversando con muchísimas personas he llegado a la conclusión de que, como dice la Biblia, la vida es un juego y para que lo juguemos Dios nos otorga a cada uno de nosotros unos dones que sólo tienen un propósito: Que vivamos en libertad.

Sin embargo hoy, olvidando de donde venimos y hacia donde vamos, la mayoría de los seres humanos, dominados por el miedo, han renunciado a vivir y han dejado de jugar.

La montaña

Durante una visita a la ciudad zapoteca de Monte Albán, en Oaxaca, México, aprendí que las pirámides son representaciones de los cerros y las montañas.

En la actualidad le damos poca importancia a la religión y a la mitología, sin embargo, en ellas se encuentran una Sabiduría y un Conocimiento que acumularon nuestros antepasados por muchas generaciones.

Un ejemplo de esta herencia ancestral lo encuentro tomando fotos de la procesión del Domingo de Ramos de la Hermandad de Cristo Rey en su Entrada Triunfal en Jerusalén y María Santísima del Dulce Nombre, conocida como La Borriquita, durante la Semana Santa de mi pueblo, Prado del Rey, en la Sierra de Grazalema, Andalucía, España, cuando observo que la imagen al contraluz de la Virgen parece una pirámide o una montaña de la cual está saliendo el sol.

La imagen de María Santísima del Dulce Nombre vista al contraluz parece una montaña o pirámide de la cual estuviera saliendo el sol. Prado del Rey, Sierra de Grazalema, Andalucía, España. Foto: Chico Sánchez.

Marcos 4:22 dice: "Porque no hay nada oculto que no haya de ser manifestado; ni escondido, que no haya de salir a luz." Y en mi opinión esa luz de la que habla Cristo es la conciencia, ese conocimiento que nos ilumina cuando descubrimos cosas que estaban frente a nosotros pero que nunca vimos por nuestra ignorancia mental o nuestra limitación espiritual.

Cuando se hace un nuevo descubrimiento, por muy pequeño que sea, nuestra conciencia se abre a una nueva realidad y desde ese momento la vida ya no vuelve a ser la misma. Cuando comprendemos algo nuevo el mundo cambia.

Esa misma Semana Santa, abierto a esta nueva conciencia, tomando fotos de la procesión del Domingo de Resurrección de Nuestra Señora del Carmen observaré claramente algo que nunca antes vi en los cuarenta años que acudí a esta procesión cada año: Que el manto de la Virgen tiene la forma de una montaña o pirámide y está adornado con flores que representan a la Creación, su corona es el Sol y en su manto también aparecen las cuatro fases de la Luna, las mismas cuatro fases que decoran el Códice Madrid en el cual aparecen los dioses mayas Itzamná e Ixchel.

Nuestra Señora del Cármen el Domingo de Resurrección en Prado del Rey, Sierra de Grazalema, Andalucía, España. Su manto tiene forma de montaña, tiene el sol como corona, las cuatro fases de la luna y flores representando a la tierra. Foto: Chico Sánchez

Las estrellas

Desde que llegué a México trece años atrás he visitado cada año las festividades de Nuestra Señora de Guadalupe, Virgen del Tepeyac, Patrona de México y Emperatriz de América, con la idea de hacer un libro con fotografías de los peregrinos que acuden a cantarle las mañanitas a la virgen y bendecir sus imágenes.

Vivir en primera persona las celebraciones de la Virgen del Tepeyac durante tantos años me hizo comprender que los comentarios que había escuchado y lo que había leído sobre esta celebración está basado en la mentira, la ignorancia, la manipulación y el odio a México y lo mexicano.

Durante estos trece años descubrí que la mayoría de los críticos de esta celebración o bien no visitaron la Basílica de Guadalupe, o si lo hicieron fue de mala fe, porque la tradición guadalupana es la herencia viva de los pueblos mexicanos que demuestran que la herencia prehispánica no desapareció.

Mi primer descubrimiento surge un día, por casualidad, mientras estoy estudiando los códices mixtecos oaxaqueños con una historiadora me, durante un descanso, me pide mi fecha de nacimiento para calcular cual sería mi "Tonal", nombre que recibían los mesoamericanos al nacer de acuerdo con el Calendario Solar.

Durante su vida los prehispánicos tenían dos nombres, el primero era el "tonal", que se daba de acuerdo al día de su nacimiento con base al Calendario y el segundo el "nagual" que era el nombre que se le daba según las habilidades que desarrollaban o su temperamento. Si tenía inteligencia, su nahual podría ser Zorro Sabio, o si era muy temperamental Tormenta Gris, o si era muy tranquilo Toro Sentado, etc.

Igual que los católicos reciben la bendición y protección de un santo, los niños prehispánicos recibían al nacer la protección y bendición de un dios o una diosa.

Aunque la mayoría de los católicos lo ignoran, gran parte de las celebraciones católicas, como las festividades de los santos o la Semana Santa, se realizan teniendo en cuenta la posición de los astros del cielo, igual las celebraciones prehispánicas.

Cuando le doy mi fecha de nacimiento, la historiadora toma un papel y escribe que mi "tonal" es 13 Pedernal y mi diosa "Citlalinikue", que significa "la del vestido de estrellas".

Desde ese día Citlalinikue, la del "vestido de estrellas", queda grabada en mi mente y será varios años después, tomando fotografías de los peregrinos que llegan a la Basílica de Guadalupe, cuando observo la imagen de la Virgen del Tepeyac y comprendo: ¡Que Nuestra Señora de Guadalupe está vestida de estrellas como la diosa Citlalinikue!

Peregrinos al amanecer en la Basílica de Guadalupe. Como Citlalinikue, Nuestra Señora de Guadalupe está vestida de estrellas. Foto: Chico Sánchez

Las flores

Pocos días después, en busca de más señales, decido visitar el Museo Nacional de Antropología de la Ciudad de México donde hago otro importante descubrimiento.

Después de muchas horas visitando sus salas sin encontrar nada relevante, cuando llego a la Sala Mexica me encuentro frente a una escultura del dios o diosa Xochipilli, que es un personaje sentado con el cuerpo cubierto de flores.

Digo dios o diosa porque unos arqueólogos lo conocen como el Principe de las Flores y otros como la Diosa de las Flores. La arqueología, como casi toda la ciencia, es muy contradictoria y casi siempre encontrarás teorías para todos los gustos, muchas veces opuestas, que siempre son válidas según el "método científico" o según convenga.

Ese en ese momento, recordando mi hallazgo del vestido de estrellas, tengo una nueva revelación cuando comprendo que la Diosa de las Flores mexica Xochipilli ¡También tiene el cuerpo cubierto de flores como la Virgen de Guadalupe!

La Diosa de las Flores. Museo Nacional de Antropología de la Ciudad de México. Foto: Chico Sánchez

Los espejitos

Cuando llegué por primera vez a la Basílica de Guadalupe observé un detalle que llamó mucho mi atención: Casi todos los danzantes van decorados con espejos.

Estos espejos traen a mi mente la ridícula historia que se cuenta de que los españoles "engañaron" a los mexicas cambiándoles oro por "espejitos" y me pregunto: ¿Qué tendrán que ver estos espejos con la historia peliculera de los "espejitos"?

No tardaré mucho tiempo en descubrir que el cuento de los "espejitos", más que una realidad histórica, es una mentira manipulada por incultos cineastas, historiadores de aire acondicionado y periodistas tan ignorantes como tendenciosos.

Y es que historia de los "espejitos" que venden estos "estudiosos", además de ser falsa, es un insulto hacia los antiguos mayas y mexicas. ¿Pero cómo hay gente que cree que los sabios mayas o mexicas se dejarían engañar de una forma tan estúpida?

Estos trece años me han enseñado que la mayoría de los arqueólogos, antropólogos y historiadores viven en una contradicción constante ya que por un lado describen a las civilizaciones mesoamericanas como muy avanzadas, sabias y cultas. Pero por el otro los consideran gente tan tonta que se dejarían engañar y se someterían a otro pueblo a cambio de unos pocos "espejitos." Esta absurda afirmación es, sin duda, un insulto a nuestra inteligencia.

La realidad es que estos espejos que llevan los danzantes que visitan cada año la Basílica de Guadalupe en la Ciudad de México, no tenían ningún valor material sino religioso, ya que se usaban como símbolos del dios prehispánico Tezcatlipoca, "el espejo que humea" o "espejo negro", Señor del Cielo y de la Tierra, el hermano del dios del viento Ehécatl-Quetzalcóatl-Kukulkán.

Danzante decorado con espejos. Basílica de Nuestra Señora de Guadalupe. Foto: Chico Sánchez.

Mi encuentro más impresionante con este culto a Tezcatlipoca, "el espejo que humea" o "espejo negro", lo viviré durante una visita a la iglesia de San Juan Chamula, un pueblo maya situado muy cerca de San Cristóbal de las Casas, en Chiapas, México.

Entrar en la iglesia de San Juan Chamula, en la cual sus vecinos, con mucha razón y con todo su derecho, no permiten tomar fotografías, es una experiencia inolvidable.

El humo del copal, los cientos de velas, los rezos en maya de las mujeres que usan huevos y hierbas para hacer curaciones y la gran cantidad de altares con santos católicos decorados con espejos me dejan impactado.

Cuenta el Códice Florentino que Tezcatlipoca, el "espejo que humea", pidió ayuda a los dioses para lograr que su hermano Quetzalcóatl rompiera la ley religiosa y estos demonios le dieron el poder para engañarlo creando imágenes irreales y falsas señales en su mente.

Fue así como Tezcaltlipoca, transformado en anciano, embriagó con pulque a su hermano Quetzalcóatl haciéndole perder su conciencia y que, olvidando su vida de penitencia y abstinencia como sacerdote, tuviera relaciones sexuales con sus propias hermanas.

Al despertar de su borrachera, Quetzalcóatl, avergonzado por la gravísima transgresión que había realizado, se exilió por el mar de oriente y partió en una barca prometiendo regresar para vengar la afrenta de su hermano Tezcatlipoca.

Por esos misterios que tiene la vida, esta lucha entre el bien y el mal continúa y hoy los prodigios ilusorios y las falsas señales que usó Tezcaltlipoca para engañar a su hermano Quetzalcóatl vienen también en "espejos negros", unos espejos negros con forma de teléfonos, computadores y televisiones, que aunque no humean, están haciendo que nuestra sociedad se desintegre.

Danzante con el sol como corona y el espejo de Tezcatlipoca. Basílica de Nuestra Señora de Guadalupe, México. Foto: Chico Sánchez

El espejo negro

Los trucos usados por Tezcatlipoca contra su hermano Quetzalcóatl son conocidos en la actualidad como "magia negra", y es curioso que los espejos que usaban los magos y adivinos aztecas también fueran negros, ya que eran espejos de obsidiana, piedra esta, la obsidiana, que también es negra.

Los sacerdotes mesoamericanos utilizaban estos espejos de obsidiana para adivinar el futuro y comunicarse con sus dioses y se cuenta que durante el asedio a Tenochtitlán, Tetlepanquetzal, tlatoani de Tlacopan o Tacuba, famoso agorero y adivino, miró su espejo de obsidiana en lo más alto del Templo Mayor y cuando una visión le anunció la victoria de los españoles el tlatoani exclamó llorando: "Digamos al Señor Cuauhtemoc que nos bajemos porque a México hemos de perder…"

Autoretrato en el espejo de obsidiana que perteneció al tlatoani mexica Moctezuma Xocoyotzin que me tomé durante una exposición temporal en el Museo Nacional de Antropología en la Ciudad de México.
Foto: Chico Sánchez

El Maíz

Los mitos mayas de la creación cuentan que los habitantes de Mesoamérica son los "hombres del maíz" y por esto muchos pueblos mesoamericanos se dejan el pelo largo recogiéndolo con la forma de las melenas que tienen las mazorcas de maíz.

Una prueba de porqué los hombres del Cuarto Sol seríamos los "hombres del maíz" la encuentro durante las celebraciones del Día de Muertos en el Centro Histórico de Coyoacán cuando veo dos calaveras hechas de cartón cuyos dientes son simulados con semillas de maíz. ¡Nuestros dientes son casi idénticos a los granos del maíz!¡Parecen dientes!

Asombrado por este descubrimiento decido investigar la cultura ancestral del maíz mexicano y organizo una visita a Tomás Villanueva Buendía "Tomaisito", un campesino mexicano conocido como el "Tomandante Tomaiz".

Tomás, quién vive en Tepetlixpa, muy cerca del volcán Popocatépetl, en el Estado de México, tiene grandes conocimientos sobre el cultivo de la Milpa y conserva una gran variedad de semillas de los diferentes maíces nativos.

Mientras tomo fotos en la milpa de Tomás a la milpa llega una mujer que trae una camiseta con la imagen de una mazorca de maíz pintada como si fuera Nuestra Señora de Guadalupe y observándola me pregunto: ¿Será cierto que la Virgen de Guadalupe también representa a la mazorca de maíz?¿Es una representación de la Madre de los "hombres del maíz"?

Para comprobarlo elijo una foto de una mazorca de maíz y otra de la Virgen de Guadalupe, las multiplico, las reduzco en tamaño, y cuando veo el montaje comprendo que tienen un parecido importante: ¡La Virgen de Guadalupe también tiene la forma de una mazorca de maíz!

Imagen de la Virgen de Guadalupe y la representación que encuentro en la casa de Tomás Villanueva Buendía "Tomaisito". Foto: Chico Sánchez

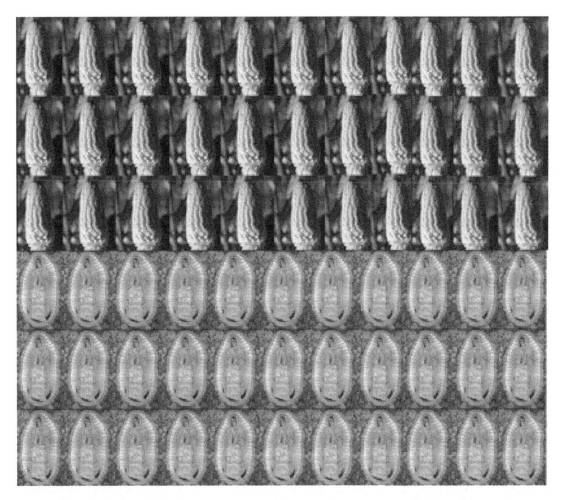

Cuando se miran desde lejos la Virgen de Guadalupe y una mazorca de maíz ambas tienen un parecido importante. Fotos: Chico Sánchez.

La lucha

A pesar de que muchos quieren idealizar a los pueblos antiguos mesoamericanos, ni todos los pueblos indígenas fueron tan pacíficos como los pintan, ni tampoco tan "salvajes" como los muestran en las películas.

Como en cualquier sociedad humana en América hubo una gran variedad de pueblos que iba desde unos muy pacíficos a otros terriblemente sanguinarios.

Tampoco podemos olvidar que en esa época de la historia, al otro lado del mundo, tanto en Babilonia como en Roma, también se ofrecían a los dioses terribles, crueles y sanguinarios sacrificios humanos.

En el caso de los mexicas hay muchos registros de crueles derramamientos de sangre y terribles sacrificios humanos. Miles de hombres, mujeres y niños capturados entre otros grupos indígenas, fueron sacrificados a los dioses mexicas.

Las crónicas cuentan que en algunas ocasiones los sacrificios fueron tantos que las paredes de las pirámides quedaban cubiertas por una capa roja de sangre coagulada. Literalmente: Corrían ríos de sangre.

Uno de los rituales de sacrificio más crueles de los que ha quedado testimonio es el de los rituales a Tlaloc, dios de la lluvia, en los cuales los sacerdotes despellejaban a un niño y se colocaban su piel caliente y ensangrentada para realizar una danza mientras el niño despellejado moría a su lado agonizante en medio de un terrible dolor.

Un testimonio de este sacrificio se encuentra en el Museo Nacional de Antropología de la Ciudad de México donde puede ver a un sacerdote portando la piel de un niño.

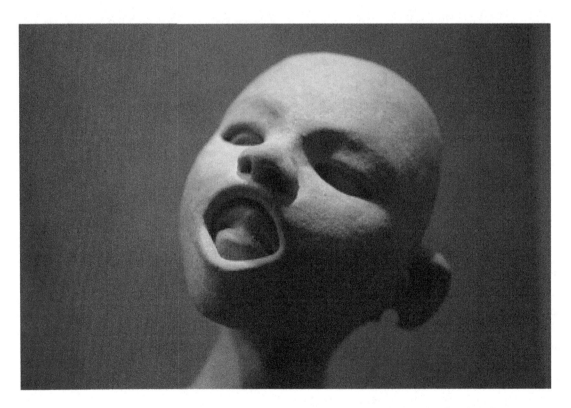

Sacrificio humano. El sacerdote se ponía la piel de un niño desollado para bailarle al dios de la lluvia. Museo Nacional de Antropología de México. Foto: Chico Sánchez

Ignorar estos hechos desde una universidad con aire acondicionado quinientos años después es muy fácil, pero para los mesoamericanos cuyos hombres, mujeres y niños eran capturados en las guerras floridas para ser sacrificados, la llegada de los españoles fue una oportunidad de liberación y también una herramienta para cobrar su venganza.

Existen muchos testimonios de que cuando los pueblos indígenas oprimidos por los mexicas supieron que los españoles habían derrotado a los temibles guerreros mexicas y prohibido los sacrificios humanos salieron al encuentro de Hernán Cortés y se unieron a su ejercito.

Sobre el tema del supuesto genocidio español la pregunta es muy sencilla: ¿Si los españoles, o la varicela, exterminaron al 90% de los indígenas porqué actualmente en México se calcula que el 80% tiene sangre indígena?

Esta cifra, que puedes comprobar dándote un paseo por el Centro Histórico de la Ciudad de México, desmonta por completo la Leyenda Negra.

Para genocidio bien ejecutado el de los ingleses, alemanes y franceses en EEUU, país en el que sólo queda un 0,7% con sangre indígena.

Sin embargo, como mencionaba antes, los sacrificios humanos no eran exclusivos de los mexicas y antes de la llegada del cristianismo los romanos también adoraban a dioses que demandaban crueles sacrificios humanos y siempre estaban sedientos de sangre.

En Apocalipsis 12:9, el libro de las profecías de Juan, se describe a uno de estos dioses como Satanás, con estas palabras: "Y fue arrojado el gran dragón, la serpiente antigua que se llama el diablo y Satanás, el cual engaña al mundo entero; fue arrojado a la tierra y sus ángeles fueron arrojados con él."

Lo más misterioso es que, igual que la Biblia habla de un Dragón o Serpiente Antigua que demanda sacrificios humanos, los pueblos mesoamericanos realizaban sus sacrificios a dioses con forma de dragones o serpientes.

En la antigüedad Roma se llamaba Saturnia, la ciudad de Saturno, o Satán, y en ella se celebraban las famosas Saturnalias en las cuales se realizaban crueles sacrificios humanos.

Buscando pruebas de estos sacrificios humanos a los dioses serpiente decido visitar otra vez la ciudad maya-tolteca de Chichen Itzá.

En mi libro La Profecía de los Jaguares se incluye una entrevista con uno de los cincuenta mayas itzaes que quedan en América, quién heredó de forma oral el idioma y la historia de la gran Chichén Itzá, abandonada aproximadamente trescientos años antes de la llegada de los españoles.

En esta entrevista el sabio itzá me explicará que los mayas de la antigüedad eran pueblos pacíficos que vivían en armonía con la naturaleza y que fue un pueblo invasor, también indígena, el que trajo a ellos la fiebre del poder, la guerra y el sacrificio humano.

En mi opinión el pueblo que menciona el sacerdote Itzá fue el tolteca y quizá la prueba de esto sea que las representaciones de sacrificios humanos se encuentran en la parte con influencia tolteca de Chichén Itzá.

Los dioses serpiente a los cuales los toltecas le hacían sacrificios humanos a cambio de favores o de poder. Chichén Itzá, Península de Yucatán, México. Foto: Chico Sánchez

Santiago Caballero

Otra representación de esta lucha entre el bien y el mal, entre ángeles y demonios, se encuentra en las danzas de Santiago Caballero que se celebran cada diciembre en la Basílica de Guadalupe de la Ciudad de México.

En ella un grupo de danzantes disfrazados de demonios acompañados por un hombre vestido como la muerte se enfrentan a Santiago Apóstol quién los derrota montado en su caballo blanco.

La danza de Santiago Caballero en la Basílica de Nuestra Señora de Guadalupe. México.
Fotos: Chico Sánchez

Ese mismo diciembre, pocos días después de visitar la Basílica de Guadalupe, durante una visita al Museo Nacional de Antropología de México, al encontrarme frente la imponente estela al Señor del Viento, Ehécalt-Quetzalcóatl-Kukulkán vuelvo a sorprenderme cuando veo que el símbolo del Apóstol Santiago, Santo Patrón de España: ¡Es una concha marina!¡Y el símbolo de Santiago Apóstol también es una concha marina

La estela de Ehécatl del Museo Nacional de Antropología de la Ciudad de México. Foto: Chico Sánchez.

El caracol marino, símbolo de Santiago Caballero y el caracol marino de Ehécatl-Quetzalcóatl-Kukulkán.
Foto: Chico Sánchez

El equilibrio

Sin embargo, además del símbolo del caracol, la estela de Ehécatl tiene un símbolo muy importante: Las dos medias partes que se unen en perfecta armonía, símbolo que en la mitología griega representa a la "media naranja" que Platón describe en su obra El Banquete.

En esta obra el sabio griego describe que los hombres se rebelan contra Zeus (Deus-Dios), llamado Júpiter por los romanos (Zeus Pater o Dios Padre) y deciden escalar el cielo para combatir contra los dioses. Ante lo cual Zeus, para derrotarlos, los divide en dos mitades, en dos "medias naranjas" condenándolos a buscarse eternamente para volverse a ser uno.

Este mito de la división de los hombres que se revelan contra Dios y construyen una torre para subir al cielo también se encuentra en Génesis 11:9 donde dice: "Por eso fue llamada Babel, porque allí confundió el Señor la lengua de toda la tierra; y de allí los dispersó el Señor sobre la faz de toda la tierra."

Reflexionando sobre ambos mitos me pregunto: ¿Podría ser este símbolo de las dos mitades una representación de los mitos de la media naranja y la Torre de Babel?¿Son estas dos mitades el símbolo de la división de los hombres? Diablo significa "el que divide" que viene de "diábolos" en griego que puede ser traducido también como "división".

Si bien no he encontrado pruebas todavía para demostrar esta teoría, lo que sí puedes ver a simple vista es que este símbolo mesoamericano que aparece en la escultura de Ehécatl: ¡Es el símbolo chino del Ying y el Yang!

La estela de Ehécatl del Museo Nacional de Antropología de la Ciudad de México.
Foto: Chico Sánchez

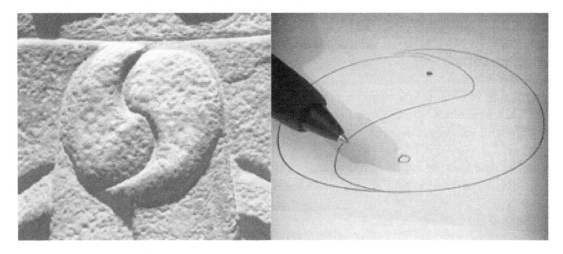

El símbolo que está en la estela de Ehécatl y el Ying Yang. Museo Nacional de Antropología de México.
Fotos: Chico Sánchez

El dolmen

Según el diccionario de la Real Academia de la Lengua un misterio es una: "Cosa arcana o muy recóndita, que no se puede comprender o explicar." Y a continuación voy a compartir uno de los mayores misterios que encontré en mis visitas a la antigua ciudad de Teotihuacán.

Un día caluroso de verano durante una visita al Museo de los Murales Teotihuacanos, en un pequeño patio lateral, veo un pequeño dolmen colocado en un patio con las paredes pintadas de rojo y decido tomarle una fotografía.

Aunque comparado con las otras piezas arqueológicas del museo el dolmen no parece tener nada de especial cual será mi sorpresa cuando al revisar la imagen veo que detrás del dolmen aparece una extraña nube amarilla que me deja muy pensativo: ¿Se tratará de un efecto óptico?¿Qué es esta nube amarilla?

El dolmen del Museo de los Murales de Teotihuacán. Foto: Chico Sánchez

Cual será mi sorpresa cuando al ampliar la imagen dentro de la piedra veo lo que parece ser una extraña figura de un ser antropomorfo de perfil que tiene cabeza de ave o serpiente.

Decidido a descifrar el misterio de esta extraña figura que capta la cámara pero que no se puede ver con los ojos, me voy a unas tiendas de libros de segunda mano y compro todas las publicaciones que encuentro sobre Sumeria, cuna de la antigua Babilonia.

Será en una de estas revistas donde encontraré la imagen de una mujer pájaro o reptiliana dándole el pecho a un niño ¡Y esta figura tiene una forma muy parecida a la del ser que aparece en el dolmen de Teotihuacán!

El dolmen del Museo de los Murales de Teotihuacán y la mujer pájaro o reptiliana del Museo Nacional de Iraq. Foto: Chico Sánchez

Las brujas

¿Podría ser la figura que aparece en el dolmen una prueba de que existen seres inmateriales?¿O se trata simplemente de una ilusión de la cámara que crea ilusiones?¿Es una locura pensar que existe más de lo que ven nuestros ojos? todos los campos de la ciencia pero al mismo tiempo creían firmemente en los mundos inmateriales.

A diferencia de nosotros, los seres humanos de la antigüedad jamás negaron la existencia de este mundo metafísico que vive más allá de lo visible y material. Egipcios, mayas, griegos o romanos lograron grandes avances en

En la versión Reina Valera 1909 de la Biblia se describe este mundo metafísico con estas palabras: "No mirando nosotros á las cosas que se ven, sino á las que no se ven: porque las cosas que se ven son temporales, mas las que no se ven son eternas." Corintios 4:18

En veinte años tomando fotografías he sido testigo innumerables veces de cómo las cámaras fotográficas registraban cosas que no vemos pero que parecieran estar ahí.

Durante casi dos décadas también he conocido a muchas personas que parecieran tener un don especial para ver estos seres inmateriales que son invisibles para el resto de nosotros y un gran ejemplo de estos misterios lo viví mientras tomaba fotografías en la Cueva de Hércules, en Tánger, Marruecos, África.

Ese día, mientras le tomo fotos de una pareja de ancianos marroquíes, veo asombrado que a la mujer le cambia la cara, se le alarga la nariz: ¡Y se convierte en una bruja!¡Mi abuela tenía razón!¡De que vuelan, vuelan!

La fotografía original de la bruja de la Cueva de Hércules, en Tanger, Marruecos, África.
Foto: Chico Sánchez

Si bien el lector dudará, y con razón, sobre la autenticidad de estas fotografías. La realidad es que la foto no está trucada y varias personas más vieron a la bruja.

Sin embargo este extraño encuentro en la Cueva de Hércules no termina ahí y pocos segundos después la bruja se ilumina de forma extraña y le tomo una fotografía.

La bruja transformada en luz de la Cueva de Hércules, en Tanger, Marruecos, África. Foto: Chico Sánchez

El Anticristo

Todos estos misterios que encontré durante más de veinte años viajando me llevan a hacerme algunas preguntas: ¿Son las cámaras fotográficas las que alteran la realidad creando estas imágenes?¿O tienen estos extraños seres una existencia real como dicen los libros antiguos?

Quizá la respuesta se encuentre en Tesalonicenses 2: 9-12 donde San Pablo dice que: "La venida del inicuo será de conformidad con el funcionamiento de Satanás. Él usará todo tipo de pantallas de poder a través de señales y maravillas que sirven a la mentira, y todas las formas en que la maldad engaña a los que se pierden. Por cuanto no recibieron el amor de la verdad para ser salvos. Por esto Dios les envía un poder engañoso, para que crean la mentira, a fin de que sean condenados todos los que no creyeron en la verdad sino que se complacieron en la injusticia".

¿Cuál será este poder engañoso y falso?¿Cuales serán esas falsas señales que usará el Anticristo para engañar a los que se pierden?¿Cuáles serán esas pantallas de poder que sirven a la mentira?

Muchos me dicen que estoy equivocado en la traducción de este versículo porque la mayoría de las traducciones modernas usan el termino "escudo" en vez de "pantalla". Sin embargo, según el diccionario, una pantalla es una "Lámina de material opaco o translúcido con que se dirige u obstruye la luz de una lámpara.", mientras que un escudo es un instrumento para defenderse. ¿No es lógico entonces que si el Anticristo quisiera engañar y cegar a las personas con la mentira usara una pantalla o velo para que no vean la luz de la realidad?¿Quizá una pantalla negra como las que tienen nuestros teléfonos, televisiones y computadoras?

La primera vez que tomo conciencia de cuales son las pantallas que sirven a la mentira y alejarán a las personas de la verdad será, de nuevo, durante una visita al Museo Nacional de Antropología de la Ciudad de México.

Ese día, mientras camino sin dirección por sus salas, llego a un lugar en el que dos turistas tienen puestas unas gafas de realidad virtual. Observando a estas personas indefensas, ciegas y fuera de la realidad, me pregunto: ¿Cómo es posible que estas personas hayan venido al museo más impresionante de América y en lugar de observar las piezas reales se hayan sentado a ver imágenes falsas proyectadas en una pantalla?

Es ese momento, observando a las dos personas completamente fuera de la realidad, comprendo que las gafas que llevan puestas son las pantallas de poder que usando señales y maravillas que sirven a la mentira, serán usadas por la maldad para engañar a los que se pierden.

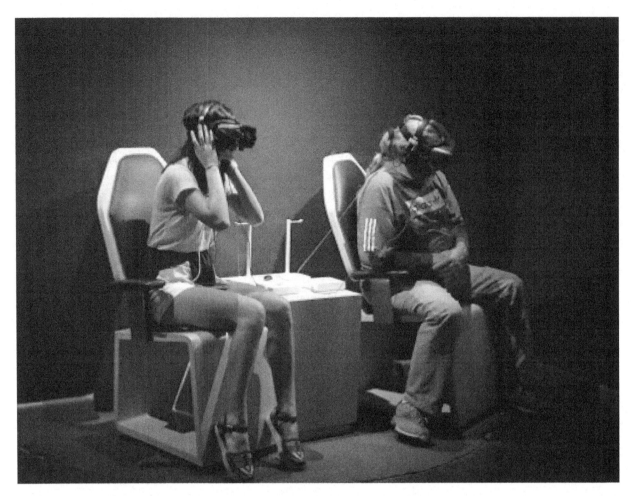

"Pantallas de poder a través de señales y maravillas que sirven a la mentira, y todas las formas en que la maldad engaña a los que se pierden." Museo Nacional de Antropología de México. Foto: Chico Sánchez

El infierno

Dando un paseo por las estrechas calles de la ciudad mexicana de Guanajuato
con mi compañera, que es guanajuatense, llegamos al Templo de San Roque, lugar
donde pocos años atrás viví una curiosa historia con un perrito que narro en mi libro
La Profecía de los Jaguares.

Guanajuato es conocido por su pan y especialmente por sus bolillos, y por eso, como
no podía ser de otra manera, la imagen del perro de San Roque lleva un bolillo
de pan en la boca.

Tras nuestra visita, mientras caminamos por los callejones del centro de la ciudad llegamos a un
lugar que se llama "El Callejón del Infierno" y tentando
a la suerte, sin creer que pueda pasar nada extraordinario, nos adentramos en él.

El pequeño callejón, estrecho y corto, tiene al fondo una casa con unas esculturas
de unas gárgolas que probablemente crearon la leyenda. Sin embargo, aunque pudiera
ser por pura sugestión, al llegar a la casa de las gárgolas comenzamos a sentir una extraña
angustia y una fuerte sensación de que no estamos solos.

¿Será lo que está pasando fruto de nuestra imaginación?¿Estamos siendo víctimas de
nuestra propia imaginación? Realidad o no, la cuestión es que sentimos la extraña
sensación de que estamos acompañados.

En ese momento un hecho verdaderamente extraño sucede cuando en la entrada
del callejón aparece un perro, muy parecido al que vimos en la iglesia ¡y que también
lleva en la boca un bolillo de pan!¡Que mágica y hermosa es la vida en libertad!

Dice un viejo dicho que las mejores fotos son las que nunca se toman. Y por eso ese día yo
quedaré tan impresionado al ver al perro con el bolillo de pan "sacándonos"
del infierno: ¡Que olvidaré por completo que tengo la cámara fotográfica en la mano!

Antes de sacarnos del Callejón del Infierno el perro se come su bolillo, nos acompaña por una pequeña
calle hasta una plaza en la que hay muchos niños jugando y se marcha por uno de los callejones de la
hermosa ciudad de Guanajuato.

El perrito que nos acompañó a la Iglesia de San Roque de Guanajuato la primera vez y sobre el cual escribí en mi libro La Profecía de los Jaguares. Foto: Chico Sánchez

La calle de Guanajuato. Foto: Chico Sánchez

Los demonios

La pieza más importante del Museo Nacional de Antropología en la Ciudad de México es un pequeño hueso de ser humano en el que aparecen tallados unos extraños seres parecidos a insectos, divididos por parejas y que realizan actos sexuales de apareamiento.

Entre estos seres antropomorfos sólo hay un ser humano, una mujer, que entrega a uno de estos seres lo que parece un cráneo humano.

El hueso maya de los hombres insecto del Museo Nacional de Antropología de México. Foto: Chico Sánchez

El hueso maya de los hombres insecto del Museo Nacional de Antropología de México. Foto: Chico Sánchez

Sin embargo, no es este hueso el que vamos a analizar sino en el misterioso parecido que encontraré, de forma casual, de estos seres mayas con los demonios de la Europa medieval.

Unos meses después, durante una visita el Museo de Astorga, en León, España, observando un cuadro en el que unos demonios torturan a un santo me pregunto: ¿Dónde he visto antes a estos demonios con cabeza de insecto?¿Porqué me parecen tan familiares?

La respuesta llega pocos minutos después cuando comprendo que los demonios antropomorfos son iguales los seres mayas grabados en el hueso humano del Museo Nacional de Antropología

A la izquierda el hueso maya del Museo Nacional de Antropología de México y a la derecha el cuadro del Museo de Astorga. Fotos: Chico Sánchez

Los jaguares

Durante una nueva visita al Museo Nacional de Antropología de la Ciudad de México decido visitar el mural llamado "El día y la noche" del pintor Oaxaqueño Rufino del Carmen Arellanes Tamayo.

En el mural se ve a un jaguar asestándole un golpe mortal a una serpiente. Escena que representa la eterna lucha entre el día y la noche, entre la luz y la obscuridad, entre el bien y el mal.

Mural de Rufino Tamayo. Foto: Leobardo Peña

Sin embargo, en mi opinión, más allá de representar al día y la noche, este mural refleja el cambio de era que estamos viviendo y anticipé en mi libro La Profecía de los Jaguares.

La serpiente, habitante del Xibalbá, el Inframundo, representa a la muerte, a la noche y la obscuridad, derrotada por el jaguar, que representa al día, la luz dorada y la claridad.

Para los mayas el jaguar era sagrado porque en su cuerpo lleva pintadas las estrellas del firmamento y su piel es dorada como el sol.

Este mito del jaguar como encarnación del sol tiene su origen en la cultura madre mesoamericana, la olmeca, de la cual son descendientes directos los mayas.

Para los olmecas el jaguar es sagrado porque puede vivir en dos reinos a la vez: El reino de la luz, el día, representado por la superficie de la tierra y el reino de la obscuridad, la noche, representado por las cuevas, portales al Inframundo.

Existe la creencia entre algunos historiadores y antropólogos de que las tradiciones olmecas desaparecieron con la llegada de Hernán Cortés. Sin embargo la realidad es que los mexicanos todavía conservan sus tradiciones ancestrales.

Esto lo prueban los tecuanes o balames que acuden cada diciembre a danzar a la Basílica de Nuestra Señora de Guadalupe en la Ciudad de México. Unos hombres vestidos de jaguares que danzan con una cuerda o mecate en la mano.

El mecate o la cuerda era un importante símbolo de poder para los olmecas porque con ella se amarran las alianzas y se atan los lazos entre la comunidad.

Esta cuerda, por lo tanto, representa al poder que tiene el sacerdote o el gobernante para mantener los lazos en su comunidad y la unión de su pueblo. No es casualidad que la palabra religión venga de "religare", que significa "amarrar fuertemente con ligas o cuerdas" o "volver a atar con ligas o cuerdas".

La prueba arqueológica irrefutable de que las tradiciones olmecas siguen vivas en las danzas que se realizan en la Basílica de Guadalupe se encuentra en una cueva prehistórica olmeca del pueblo de Unión Zapata (Loma Larga), en Oaxaca, México, en la cual están pintados con tinta roja un hombre jaguar y una cruz de mecate o cuerda. ¡Cuerdas que llevan todavía los hombres jaguares que danzan cada año en la Basílica de Guadalupe!

Arriba los tecuanes que danzan sosteniendo el mecate en la Basílica de Guadalupe. Abajo la cueva prehistórica con los dos símbolos más importantes del poder olmeca, el hombre jaguar y el mecate anudado en forma de cruz. Foto: Chico Sánchez

La Virgen

Sin embargo la coincidencia más asombrosa entre la religión maya y la católica es que en ambas un dios concebido de una madre virgen, baja al Infierno o Inframundo, Reino de la Muerte, y derrota al Mal resucitando después.

Cristo nace de una mujer virgen, la Virgen María, embarazada por intervención de Dios y de igual forma en el Popol Vuh de los mayas quiché los gemelos divinos Hunahpú e Ixbalanqué nacen de la princesa Ixquic, una mujer virgen que queda embarazada por la Palabra del dios Hun Hunahpú.

Construir la historia y conocerla en profundidad es una labor lenta y difícil. Sin embargo, destruirla es sencillo, y la prueba está en como usando internet, la Nueva Era ha sido capaz de destruir la verdadera historia de la humanidad aniquilando todas las bases religiosas y morales de nuestra sociedad occidental.

Un ejemplo de esta destrucción está en el movimiento Zeistgeist, una tremenda sucesión de fantasías absurdas e incongruentes, manipuladas intencionalmente, que han llevado a muchos millones de personas a renunciar a su verdadera historia y a sus verdaderos orígenes.

Durante estos últimos años muchas personas desinformadas, ignorantes o malintencionadas, se han dedicado desde las universidades, la prensa y la política, a destruir su propia historia basándose en estos gurús de la Nueva Era que les vendieron un cuento de ciencia ficción diseñado para destruir sus mentes y sus almas.

El primer objetivo de los destructores de nuestra sociedad ha sido atacar principalmente tres libros: la Biblia cristiana, el Mahabharata hindú y el Popol Vuh maya, libro sagrado de los mayas quiché.

Los ataques a la Biblia o el Mahabharata son de sobra conocidos, sin embargo en este libro me voy a centrar en los ataques al Popol Vuh maya, los cuales se han centrado en afirmar, sin ningún fundamento ni razón, que fue un libro inventado por la iglesia para que los indígenas creyeran en Cristo.

Decidido a comprobar en primera persona la autenticidad del Popol Vuh organizo un viaje a la región de Petén, en Guatemala, y concretamente a las míticas ciudades mayas de San Bartolo, Tikal y Mirador.

En un museo de Tikal encuentro una imagen impresionante en la que un ser con cuerpo de insecto, probablemente Ah Muzen Cab, el Dios Descendente, la deidad de las abejas, está fecundando y dejando embarazada a la princesa Ixquic con su Palabra, el "Ik" o Espíritu.

Según el Popol Vuh, de este embarazo milagroso, nacerán los dos gemelos divinos, los cuales librarán al mundo del Mal derrotando a los Señores del Mal y haciendo posible una nueva era para la humanidad sin maldad y en libertad.

En esta lucha contra el Mal y por la Libertad, igual que Cristo, los gemelos morirán en manos del Mal y después resucitarán.

Reproducción del dios Ah Muzen Cab embarazando a la princesa Ixquic con su Palabra, el "Ik" o Espíritu. En muchas traducciones "Palabra" es sustituido por "Saliva". Imagen tomada en Tikal, Guatemala. Foto: Chico Sánchez

La esperanza

Pero esta historia de una mujer virgen que da a luz a un dios que desciende al Inframundo o Infierno venciendo al Mal y la Muerte no es el único que hizo que los sacerdotes mayas vieran el cumplimiento de las Profecías la llegada del dios cristiano. Durante trece años he comprendido que el error de la mayoría de los historiadores es que no entienden que no se puede analizar lo que pasó hace quinientos años sin tener en cuenta que tanto mayas como católicos eran profundamente religiosos y creían firmemente en las profecía

Y fue una de estas profecías la que hizo que Nuestra Señora de Guadalupe se convirtiera en una de las advocaciones de la Virgen María más veneradas por los católicos de todo el mundo.

Apocalipsis 12:1-6 dice: "Apareció una gran señal en el cielo: una mujer vestida del sol, y con la luna bajo sus pies. En la cabeza tenía una corona con doce estrellas. La mujer estaba embarazada y gritaba de dolor porque iba a dar a luz. Luego apareció otra señal en el cielo: un dragón rojo con siete cabezas, diez cuernos y una corona en cada cabeza. Con su cola arrastró la tercera parte de las estrellas del cielo y las arrojó a la tierra. El dragón se detuvo delante de la mujer que iba a dar a luz, para devorarse a su hijo tan pronto naciera. La mujer tuvo un hijo varón que gobernará a todas las naciones con vara de hierro, pero su hijo fue llevado ante el trono de Dios. La mujer huyó al desierto, a un lugar que Dios había preparado para que ella fuera protegida durante mil doscientos sesenta días."

Para muchos la imagen de Nuestra Señora de Guadalupe es esta mujer embarazada, vestida del sol, con la luna bajo sus pies y que tiene una "corona con doce estrellas", corona que representa su embarazo ya que es el símbolo de la Inmaculada Concepción.

Este texto del Apocalipsis es el origen de la profecía que afirma que México será clave en la batalla espiritual que se lleva a cabo en el mundo en nuestros días. Batalla en la que la Virgen María, en su advocación de Nuestra Señora de Guadalupe, derrotará a Satanás.

Siempre me pareció asombroso que muchos indigenistas y seguidores de la Nueva Era, que se declaraban abiertamente anticatólicos y antiguadalupanos, cayeran en la contradicción de hablarme de esta profecía sobre el papel de México en la batalla entre el bien el mal, sin ni siquiera ser conscientes de que hablan de una profecía católica del Apocalipsis.

Imagen religiosa mexicana.. Foto: Chico Sánchez

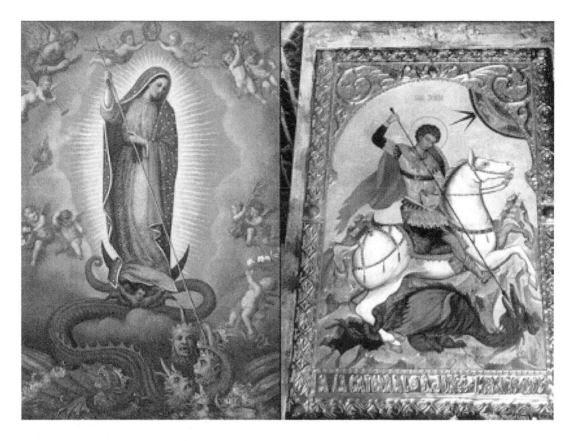

Nuestra Señora de Guadalupe en un cuadro apocalíptico del pintor Gonzalo Carrasco Espinosa y San Jorge combatiendo a Satanás, el Dragón o la Serpiente Antigua. Foto: Chico Sánchez

Sobre la victoria de la Virgen María sobre Satanás, el Dragón y la Serpiente Antigua, en Génesis 3:15 se dice: "Y pondré enemistad entre tú y la mujer, y entre tu simiente y su simiente; él te herirá en la cabeza, y tú lo herirás en el calcañar." Es por este versículo que la Virgen María se la representa pisando la cabeza de un dragón, una serpiente o un demonio.

Y durante una nueva visita a la Sala Maya del Museo Nacional de Antropología me doy cuenta de un detalle impresionante: La Estela 1 de Izapa que muestra al pescador caminando sobre el agua: ¡También tiene a sus pies una cabeza de serpiente o dragón!

Observando la enorme cabeza de serpiente me asombra como en trece años que visité este museo y observé esta pieza nunca vi la serpiente a sus pies. ¡Sólo vemos lo que comprendemos!

Nuestra mente no puede ver lo que no comprende o no quiere ver. Sólo vemos lo que queremos ver o podemos comprender.

A la izquierda la Estela 1 de Izapa del pescador maya que camina por el agua con la serpiente a sus pies. En el centro Nuestra Señora de Guadalupe en el cuadro de Gonzalo Carrasco. A la derecha la escultura del Arcángel Miguel derrotando a Satanás en la Basílica de Nuestra Señora de Guadalupe de la Ciudad de México. Foto: Chico Sánchez

Este fascinante descubrimiento hace que me pregunte: ¿Qué significa que la estela maya del pescador caminando por el agua tenga una serpiente a sus pies como la Virgen María y el Arcángel Miguel? ¿Es este detalle una prueba de que el Génesis y los mitos mayas tienen un origen común o es simplemente una casualidad?

Para responder a esta pregunta me voy a todas las tiendas de libros de segunda mano de Coyoacán, en la Ciudad de México, y me compro, con lo que me alcanza el dinero que tengo, revistas y libros de historia sobre las civilizaciones de la antigüedad.

En este mundo actual, sometido a la dictadura y la censura de internet, las tiendas de libros de segunda mano se han convertido en el único recurso para encontrar luz entre tanta mentira.

Quién iba a imaginar que internet, que supuestamente iba a traer a la humanidad iluminación y avance, se convertiría en una mordaza, una herramienta de destrucción de la sabiduría y un arma de control para imponer una férrea Dictadura Tecnológica basada en la ignorancia que llevaría a la humanidad a una prisión sin rejas que he bautizado como la Dictadura Científica de la Era del Bozal.

Después de visitar varias librerías quedo asombrado cuando encuentro una representación del Libro Egipcio de los Muertos en la que Bastet, un dios felino, mata a una serpiente, el Demonio Apofis. ¡Es asombroso! ¡En Egipto también existe la misma lucha entre el jaguar y la serpiente que aparece en los mitos olmecas y mayas!

En esta representación del Libro Egipcio de los Muertos el demonio Apofis aparace como una serpiente enroscada en un árbol y no necesitaré ni siquiera investigar para comprender que: ¡Se trata del Árbol del Conocimiento del Bien y el Mal cuyos frutos comieron Eva y Adán y aparece en el Génesis de la Biblia!¡Esta serpiente es el Dragón, la Serpiente Antigua y Satanás!

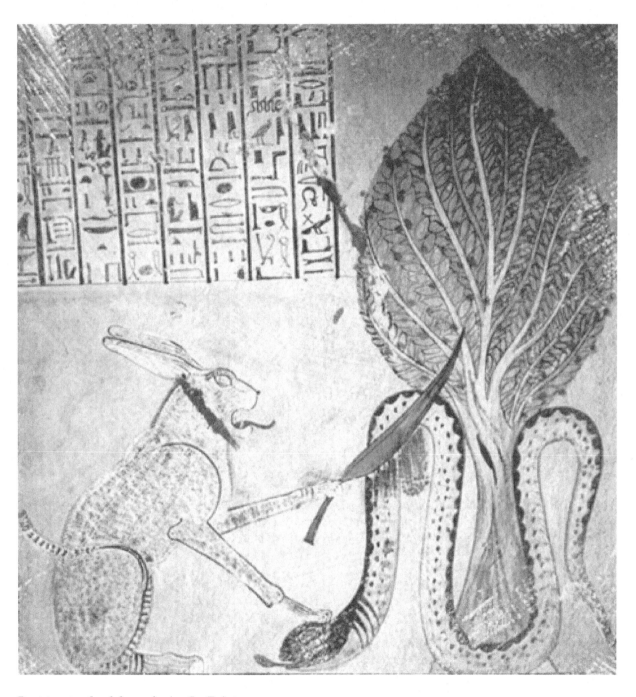

Bastet matando al demonio Apofis. Egipto.

Arriba el juego de pelota donde los Gemelos Divinos mayas derrotan a los Señores del Mal de Xibalbá. En el centro el mural de la lucha entre el Jaguar y la Serpiente de Rufino Tamayo. Abajo un guerrero jaguar le muestra a Quetzalcóatl el Mal. Museo Nacional de Antropología de la Ciudad de México. Foto: Chico Sánchez

El águila

Sobre la guerra espiritual entre el Bien y el Mal Apocalipsis 12:7-18 dice:
"Luego, hubo guerra en el cielo. Miguel y sus ángeles lucharon contra el dragón y sus ángeles. El dragón y sus ángeles fueron derrotados y perdieron su lugar en el cielo. El dragón, esa antigua serpiente llamada también Diablo o Satanás, que engaña a todo el mundo, fue expulsado del cielo y fue arrojado a la tierra junto con sus ángeles. Luego, oí una fuerte voz en el cielo que decía: «Han llegado ahora la victoria, el poder, el reino de nuestro Dios y el poder de su Mesías; porque ha sido arrojado a la tierra el que de día y de noche acusaba a nuestros hermanos delante de Dios. Nuestros hermanos lo vencieron con la sangre del Cordero y con el testimonio que dieron. Su amor por la vida no era tanto que temieran a la muerte. Alégrense los cielos y todos los que viven allí. Pero a ustedes, los que viven en la tierra y el mar, les irá muy mal; porque el diablo sabe que le queda poco tiempo y ha bajado furioso a donde están ustedes». Cuando el dragón vio que lo habían arrojado a la tierra, comenzó a perseguir a la mujer que había dado a luz al niño. Pero a la mujer se le habían dado las alas de una gran águila, y pudo volar al lugar que tenía en el desierto, donde sería protegida y estaría lejos del dragón durante tres años y medio. El dragón arrojó agua por su boca, como si fuera un río para que la corriente arrastrara a la mujer. Pero la tierra ayudó a la mujer, abriéndose y tragándose el agua que el dragón había arrojado. El dragón se puso furioso con la mujer y se fue a pelear con el resto de sus hijos, que son los que cumplen los mandamientos de Dios y siguen dando testimonio sobre Jesús. Y el dragón se quedó a la orilla del mar."

Para librarse del mal en la profecía la mujer recibe alas de águila y, hablando de águilas, durante una visita al estado mexicano de Baja California tendré la Fortuna de contemplar esta lucha apocalíptica entre el águila y la serpiente que dio origen al mito de la fundación de México. Mito en el cual el águila que come serpientes o Xic es visto en un nopal con una serpiente en la boca.

Ese día, mientras viajamos por el desierto en la costa del Mar de Cortés, un águila majestuosa posada sobre un cactus con una serpiente en la boca nos observa unos segundos y después levanta su vuelo adentrándose en el desierto.

Mientras veo volar al Xic, el águila que come serpientes, viene mi mente la historia del anciano de Palenque sobre su gobernante Ul Xic o Señor Águila que Come Serpientes.

Y aunque este mito podría ser sólo un sueño del anciano, es innegable que el águila que come serpientes que acabo de ver, el Xic, se encuentra en el nombre de un país que se llama Mé-xic-o.

Nuestra Señora de Guadalupe sobre la bandera mexicana en el Cerro del Tepeyac en la Ciudad de México.
Foto: Chico Sánchez

El eclipse

Durante una de mis visitas a San Sebastián Bernal, en Querétaro, México, un vecino me muestra un mural que contiene las señales más importantes de la profecía que anunció el regreso de Quetzalcóatl, el hombre barbado: Un eclipse total de sol y un gran terremoto.

El mural de la profecía chichimeca que no le gustó a un político y mandó a pintar la pared de blanco. Foto: Chico Sánchez

Sin embargo, esta profecía no es única de chichimecas, olmecas o mayas y en la Biblia, en Amós 8, la destrucción de Israel se anuncia con estas palabras: "El Señor lo ha jurado por el orgullo de Jacob: Jamás olvidaré ninguna de sus acciones. ¿No temblará la tierra a causa de esto y estarán de duelo todos sus habitantes? Crecerá toda entera como el Nilo, se hinchará y bajará como el Río de Egipto. Aquel día —oráculo del Señor— yo haré que el sol se ponga al mediodía, y en pleno día cubriré la tierra de tinieblas."

Como se puede ver, en ambas profecías la destrucción de un pueblo es anunciada por un eclipse a medio día y un terremoto.

Lo que le pasó con este mural es casi tan triste como lo que le está pasando a México y al resto del mundo debido a los políticos y la política. Y es que un político decidió que "el mural del indio" no tenía ningún valor" y mandó a pintar la pared de blanco.

Luna Roja

Siguiendo con mi investigación sobre la Arqueología de la Luz, el día 20 de enero de 2020 me preparo para tomar fotografías del eclipse de luna roja que sucederá esa misma noche.

Tomaré fotos desenfocadas porque fui periodista muchos años y todavía recuerdo el terrible aburrimiento que sufría cuando, cada vez que había un eclipse, tenía que ir a tomar las fotografías, siempre las mismas y siempre bien enfocadas.

Tomar las fotos desenfocadas me llevará hasta un descubrimiento importantísimo porque en el momento en que la luna y el sol se tocan por primera vez: ¡Se ve claramente una cruz! ¡Y a Cristo se le representa con una cruz! ¿Será cierto que, como dicen las tradiciones antiguas, las señales en los cielos anuncian los sucesos por venir?

Nada más ver la cruz de la luna de sangre a mi mente viene Apocalipsis 6:12 donde dice: "Vi cuando el Cordero abrió el sexto sello, y hubo un gran terremoto, y el sol se puso negro como cilicio hecho de cerda, y toda la luna se volvió como sangre." ¿No es curioso que el Apocalipsis, que anuncia el regreso de Cristo, también describa un gran terremoto, un eclipse total de sol y una luna de sangre, eventos que hemos vivido recientemente?

Por esos misterios que rodean a la mitología y las religiones antiguas, esta cruz blanca que aparece en la luna de sangre es la misma cruz blanca que lleva en la frente el dios teotihuacano Nanahuátzin.

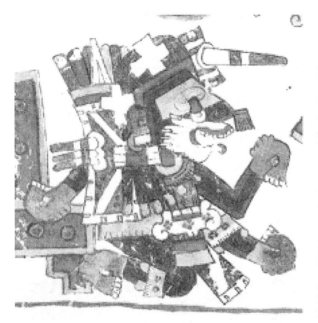

El dios teotihuacano Nanahuatzin y la cruz blanca que apareció durante el Eclipse de luna Roja del 20 de enero del 2020. Foto: Chico Sánchez

Según un mito registrado el siglo XVI por fray Bernardino de Sahagún, veintiséis años después de crear la Tierra los dioses decidieron crear el sol mediante un sacrificio en el cual un dios tendría que dar su vida para iluminar al mundo.

Los elegidos para este sacrificio fueron Tecuciztécatl, un dios rico y soberbio, y Nanahuátzin, un dios pobre y enfermo, quienes, como preparación, hicieron por cuatro días ayunos, penitencia y sacrificios. Lo ofrecido por el soberbio Tecuciztécatl fue precioso, como plumas de quetzal o bolas de filamento de oro encajadas con espinas hechas de piedras preciosas pintadas de rojo simulando un autosacrificio de sangre. Mientras, el pobre y humilde Nanahuátzin, sólo pudo ofrecer cañas verdes, bolas de heno y espinas de maguey pintadas de rojo con su propia sangre.

Tras cuatro días los dioses se reunieron para la creación del Nuevo Sol alrededor de una gran hoguera donde los sacrificados tendrían que arrojarse para convertirse en soles, en estrellas brillantes.
Por ser rico y distinguido, los dioses le ofrecieron a Tecuciztécatl el honor de arrojarse primero, pero este, incapaz de dejar atrás su privilegios y riquezas, intento lanzarse cuatro veces al fuego y las cuatro veces se arrepintió.

Como no estaba permitido un quinto intento los dioses le pidieron a Nanahuátzin que se arrojara a la hoguera y este, sin dudarlo, cerró los ojos, se arrojó a la hoguera y apareció después en el cielo convertido en el Sol. Viendo esto el soberbio Tecuciztécatl sintió envidia de Nanahuátzin y se arrojó también a la hoguera apareciendo en el oriente como un Sol radiante y resplandeciente llamado Tonatiuh.
Por breve espacio de tiempo la tierra estuvo iluminada por dos soles, pero sin embargo los dioses, considerando que Tecuciztécatl había mostrado una gran cobardía y tampoco tenía derecho a tirarse al fuego por quinta vez, acordaron disminuir su brillo y le lanzaron a Tonatiuh un conejo que atenuó su luz convirtiéndolo en la luna. Sin embargo, lo más impresionante de este mito del dios teotihuacano Nanahuatzín es que además de estar representado por una cruz griega como Cristo, fue un dios humilde que derramó su sangre y se sacrificó dando su vida por la humanidad.

El caballo blanco

El 23 de agosto de 2017 después del eclipse total de sol a mediodía en la Peña de Bernal pongo rumbo a Querétaro y muy cerca del Templo de la Santa Cruz, lugar donde se formó la cruz que interrumpió la batalla entre españoles y chichimecas paso junto a una escultura de Santiago Apóstol a caballo y a mi mente viene Apocalipsis 6:2 donde dice: "Y miré, y he aquí un caballo blanco; y el que estaba sentado sobre él tenía un arco; y le fue dada una corona, y salió venciendo, y para vencer".

En ese momento, observando a Santiago Apóstol, recuerdo que al círculo o anillo que se forma durante los eclipses totales se le llama corona y comprendo que: ¡La corona que se le da al jinete del caballo blanco, Santiago, debe ser un eclipse total de sol!

Autoretrato durante el eclipse total de sol. Foto: Chico Sánchez

Tiempo después, durante una visita a la ciudad maya de Chichén Itzá, observando el lugar donde se celebraba el juego ceremonial de pelota maya o Pok Ta Pok, tomo conciencia de que el aro del juego de pelota se parece mucho a la corona que se forma durante los eclipses.

Esa misma noche, al llegar al hotel Villas Arqueológicas, que está dentro del sitio arqueológico, abro las fotos que tomé el 23 de agosto de 2017 durante el eclipse total y compruebo que, como pensé, el aro del juego de pelota ceremonial de Chichén Itzá, cuando tiene la pelota dentro: ¡Forma la misma imagen que el sol durante un eclipse total!

La corona del eclipse total de sol visto desde la Peña de Bernal y el aro de pelota de la ciudad maya de Chichén Itzá en Yucatán, México. Foto: Chico Sánchez

La historia

Desde que llegué a México participé con el maestro y jugador de pelota de Chapab de las Flores, Yucatán, José Manrique, en la recuperación del juego de pelota ceremonial maya o Pok Ta Pok.

Además, tuve el honor de participar también en la planeación y realización del primer Campeonato Mundial de Pelota Maya al que acudieron equipos de México, Guatemala y Belice.

Para evitar un protagonismo innecesario, no mencioné este hecho en mi libro La Profecía de los Jaguares, sin embargo, durante mi última visita a Yucatán, José Manrique me insistió en que dejara testimonio de mi directa e histórica participación en el resurgir del juego de pelota maya. Cosa que hago escribiendo estas palabras.

La experiencia de rescatar una tradición ancestral como el juego de pelota maya, además de darme grandes satisfacciones, me enseñó que el Mal no descansa y que los malvados pueden hacer que un acto lleno de buenas intenciones se use para sembrar odio y división entre las personas.

Y es que después de recuperar el juego tuve que ver como algunos grupos de la Nueva Era, de estos que se hacen llamar "indigenistas", y que ni son indígenas ni conocen la cultura mexicana, quisieron usar este juego para causar división entre indígenas y mestizos o blancos.

Inmediatamente después de rescatar este juego me tocó ver como algunos de estos falsos "indigenistas", que se ponen un penacho de plumas y tocan un caracol a los cuatro vientos, sin saber ni donde está el norte ni donde está el sur, inmediatamente intentaron usar la reaparición del juego de pelota maya para ganar dinero y hacer política a costa del odio y la división.

En Yucatán hay muchos mayas cristianos y en el mundo hay muchos cristianos que respetan a los mayas y como he demostrado en este libro, hace más de cinco siglos, ambos pueblos, muy diferentes en apariencia pero muy parecidos en su visión del mundo, fueron unidos por el destino para crear una nueva cultura mexicana que ahora los enemigos de México, disfrazados con penachos de plumas y bonitos discursos, quieren destruir.

De todas formas debo recordar que más que un documento científico o histórico, este libro es un simple diario, y más que una investigación profesional o planeada, lo que lees en estas páginas surgió de un viaje maravilloso viaje hecho con el corazón y no de una desalmada investigación "cientontífica".

En estos trece años me asombró ver que algunos arqueólogos, antropólogos y historiadores que traté, desde su oficina con aire acondicionado, se atreven a hablar sobre lo que sucedió hace quinientos años y sobre los pueblos indígenas sin ni siquiera tomarse la molestia de visitar los lugares arqueológicos y, lo que es más absurdo todavía, sin conversar con los mayas vivos, la gente que vive en los pueblos y conserva su tradición oral y una gran sabiduría.

El gran error que vi en la mayoría de los investigadores es que quieren analizar lo sucedido hace quinientos años con un pensamiento moderno, materialista e intelectual, olvidando que tanto mayas como católicos eran pueblos profundamente religiosos que vivían en una perfecta armonía con la naturaleza.

Sin embargo, no puede ser casualidad que la mayoría de las universidades, medios de comunicación y artistas estén promoviendo al mismo tiempo la misma Leyenda Negra sobre la historia de España y de

México, coincidencia que demuestra que el objetivo de estos organismos, ya globalizados, es destruir la verdadera historia de la humanidad.

La noche del 18 de marzo de 2019, durante la presentación de mi libro La Profecía de los Jaguares, se realizó en Chapab de las Flores un juego de pelota maya en el que participó el h'men o sacerdote maya José Guadalupe Teh Cauich.

Sin planearlo, por esas casualidades que tiene la vida, la presentación de mi libro coincidió con el ritual del Equinoccio de Primavera.

En el nombre de este h´men maya se resumen quinientos años de historia y también la mezcla de religiones que llevó a la creación de México y de Hispanoamérica.

En el nombre del sacerdote maya que realizó la ceremonia, José Guadalupe Teh Cahuich, siguen vivos los dos mundos que se unieron para crear México: El católico y el maya.

José Guadalupe Teh Cauich durante el juego de pelota que se celebró durante la presentación de mi libro La Profecía de los Jaguares. Foto: Chico Sánchez

La Virgen del Rosario

En busca de respuestas llego a Cova de Iria, Fátima, Portugal, lugar donde el Ángel del Señor y Nuestra Señora del Rosario se le aparecieron a los niños pastores Lucía dos Santos, y los hermanos Jacinta y Francisco Marto.

La aparición de Fátima fue uno de los eventos más importantes del siglo XX porque, además del mensaje que Nuestra Señora del Rosario comunicó, varios miles de personas fueron testigos de un milagro supernatural cuando vieron al sol moverse en el cielo sobre sus cabezas secando además ropas que habían sido empapadas por la lluvia.

Sin embargo mi visita a Fátima, más que una búsqueda en la historia, forma parte de una búsqueda personal en la que busco resolver algunas dudas: ¿Son reales las profecías y las apariciones?¿Cambiará el mundo drásticamente como se anuncia en mis libros o todo lo que escribí es simplemente fruto de mi imaginación?

La realidad es que hoy, pocos meses después, lo que escribí en mis libros El curso de la vida, La Profecía de los Jaguares y La Gran Obra, ya se ha hecho realidad. Y aunque cuando los escribí mucha gente me trató como a un loco, hoy comprendo que el loco no era yo, es nuestra sociedad la que sufre de un grave estado de locura.

Si tienes un problema en tu casa, por ejemplo un agujero en el techo, lo lógico es que admitas el problema, que reconozcas que está entrando agua en ella y que repares el techo. Sin embargo nuestra sociedad, atontada intelectualmente y destruida espiritualmente, prefiere negar el agujero que tiene en su techo prefiriendo ignorar sus problemas en lugar de afrontarlos y solucionarlos.

Sin saber si mis libros servirán o no para que las personas despierten y actúen, al menos tengo la tranquilidad de que hice lo que tenía que hacer: Escribirlos.

Tras varios meses encarcelado y torturado como si fuera un delincuente o un animal, obligado a usar un bozal que limita el oxígeno que respiro y aumenta la cantidad del venenoso CO_2 con toxinas que expiro, contemplo como el Mal recibe su Corona sin que la gente comprenda que, si no hacen algo, sufrirán por muchos años la Dictadura Científica de la Era del Bozal.

Hace poco más de un año, ni yo mismo imaginaba que lo escrito en mis libros se haría realidad y todavía me asaltaban muchas dudas: ¿Me habré vuelto loco?¿Quizá la dictadura disfrazada de ciencia que anuncian mis libros no existe?¿Será cierto, como dicen científicos y periodistas, que lo que escribí es fruto de mi imaginación?¿O será cierto, como dicen los políticos, que no hay un plan para destruir la vida, el futuro y la libertad de miles de millones de personas?

Mi viaje a Fátima también está organizado para cumplirle el sueño de la infancia de mi compañera mexicana, Leticia Ugalde, quién quiere conocer el lugar donde se apareció el Ángel de Portugal y donde la Virgen María puso a danzar al Sol.

Cuando nos acercamos al lugar donde se apareció Nuestra Señora del Rosario un extraño sentimiento conmociona mi alma y mis ojos se humedecen. Esta es la prueba de que algo realmente excepcional sucedió en este lugar porque es mi alma, y no mi mente, la que lo presiente.

Aunque en Fátima, como en casi todo el mundo occidental, está prohibido darle de comer a los animales, en la zona vemos muchos perros y decidimos compartir con ellos el chorizo y la carne mechada que traemos de Andalucía.

Es en los pequeños milagros donde se ve la grandeza de la vida. Y esta grandeza nos la enseña un perrito callejero que tiene un comportamiento muy peculiar.

Y es que el perrito, para que no lo atrapen los animalistas, lo castren y lo entreguen como esclavo a un ser humano con bozal, vacunado y con chip, camina detrás de los peregrinos pretendiendo que son sus dueños.

Esta claro que si yo fuera el perro y supiera que en la ciudad me buscan unos animalistas o "amantes" de los animales que me secuestrarán, me meterán en una jaula, me castrarán y me adoptarán llevándome a una deprimente prisión para humanos, también haría como él.

Por varios minutos observamos como el perrito camina detrás de diferentes personas con una naturalidad asombrosa, colocándose de tal forma que cualquiera que lo viera pensaría que son sus dueños.

Y aunque pueda parecer muy simple, este fue el milagro más impresionante que vivimos en nuestra visita a Fátima. Es muy difícil describirlo con palabras, pero fue en el comportamiento de este perrito donde fuimos testigos del Poder y la Sabiduría de Dios.

Llegando al final de la explanada nos acercamos al perrito que al oler la carne abandona a su fingido dueño y se viene hacia nosotros pidiéndonos como llorando que le demos de comer. ¡Se le entiende como si nos estuviera hablando!

Siento una gran tristeza en el corazón cuando veo ciudades y pueblos que conocí en mis viajes en los cuales había muchos gatos y perros que vivían en libertad, reproduciéndose y como Dios los creó, y que ahora están desiertos.

Tristemente los animales que han sobrevivido a los atropellos de los coches o a las perreras han sido exterminados por los animalistas, despojados de su libertad, aterrorizados, castrados y confinados en jaulas para humanos. ¿Será que lo que está pasando con la Coronación del Mal es que tenemos que sufrir lo que antes le hicimos a las demás criaturas?¿Será por eso que ahora, como le hicimos nosotros a los animales, los políticos nos están obligando a llevar bozal, nos quieren vacunar, nos quieren esterilizar y nos quieren poner un chip?¿Estamos recogiendo lo que sembramos?

Después de comer su carne el perrito se despide con unos ladridos cariñosos y vemos atónico como se coloca detrás de la primera turista que pasa pretendiendo que es su dueña, y así, "cambiando de dueño" unas pocas veces más, se pierde entre la muchedumbre.

La prueba

Soy consciente de que en estos tiempos de materialismo y maldad, tiempos en los que los dioses son los políticos corruptos, los periodistas mentirosos y los científicos sin alma. A nadie le interesan las historias sobre perritos, ni las historias sobre la vida, ni las historias sobre la libertad, ni las historias sobre humanidad, ni las historias sobre el amor, ni las historias sobre Dios.

En estos tiempos en los que la única "verdad" está en lo que digan "las noticias nuestras de cada día", buscar la magia de la vida o querer vivir en libertad es un grave pecado.

Sin embargo, gracias a Dios, nunca fui parte de la masa ni de la mayoría. Ni tampoco quise serlo: ¿Quién querría ser un esclavo encadenado a sus propios miedos?

Para creer en las mentiras de los políticos, los periodistas y los científicos ya hay muchos millones de personas. Y por eso, a mí me gusta seguir creyendo en esa Presencia, Fuerza, Espíritu y Voluntad que llamamos Dios. Es cuestión de Fe.

Una noche, después de presentar mi libro La Profecía de los Jaguares en la ciudad de Oaxaca, México, un amigo y su novia nos invitan a comernos una hamburguesa callejera en la plaza de Santo Domingo y Leticia y yo aceptamos gustosos.

Ya lo dice la Biblia, mejor disfrutar un humilde plato de frijoles en paz con una agradable compañía, que devorar el manjar más delicioso condimentado con la soberbia y sazonado con el odio.

Mientras conversamos mi amigo me cuenta que la situación es cada vez más difícil porque la gente está perdiendo los valores, la corrupción de los políticos es aterradora y el Mal está degenerando por completo a nuestra sociedad.

También me dice que vive una crisis de Fe y me pregunta cómo ver a Dios en un mundo tan cruel e injusto como el que vivimos. ¿Cómo poder ayudarlo a encontrar su fe si a mí mismo me cuesta mantenerla cuando veo como el miedo, la cobardía y la maldad se adueñan de nuestro mundo?

En ese momento un milagro sucede y un perrito llega hasta el quiosco callejero de hamburguesas que está al otro lado de la plaza.

Son casi las once y el perrito, sin necesidad de reloj ni teléfono, sabe perfectamente que es la hora de cierre y ha llegado por su hamburguesa.

Inspirado de forma inexplicable le digo al amigo que observe al perrito que está junto a las hamburguesas, que Dios está en el perrito y que el señor de las hamburguesas está pasando una prueba muy importante.

Si el señor de las hamburguesas muestra compasión y alimenta al perrito, habrá pasado la prueba y Dios lo recompensará, pero si, de forma egoísta, tira la carne que sobró a la basura y no la comparte con el perrito, entonces tendrá que sufrir un castigo por su falta de compasión.

La mujer que acompaña a mi amigo, que dice ser cristiana evangélica, me dice que los católicos somos unos fanáticos porque nos empeñamos en ver a Dios en todas partes y en ese momento sucede el milagro y el perrito, dejándonos a todos sin palabras, nos mira desde el otro lado de la plaza, se levanta, camina hacia donde estamos y se pone frente a mi amigo.

Es entonces cuando le digo que aunque nuestro fanatismo y nuestra dureza de corazón no nos permitan verlo, Dios siempre está con nosotros.

La paloma blanca

Al día siguiente, paseando junto al Templo de Santo Domingo de Oaxaca nos encontramos con las imágenes de Cristo Crucificado y de Nuestra Señora del Rosario en un altar montado en la calle.

Cuando preguntamos el motivo una vecina nos dice que esa tarde se celebrarán un rosario y una procesión para celebrar el día de Nuestra Señora del Rosario y decidimos regresar en la tarde para participar.

Al iniciarse la ceremonia el sacerdote nos da un severo sermón sobre la maldad que reina en nuestra sociedad y comprendo por qué la mayoría de nosotros preferimos las mentiras reconfortantes de los políticos a las reprimendas severas de los curas.

El cura habla de que la maldad de la gente, la falta de valores de nuestra sociedad, la destrucción de la familia, la droga que está acabando con la juventud, los hijos que no respetan a sus padres, la tecnología que destruye las almas de las personas y la terrible corrupción de las autoridades nos están llevando a un callejón sin salida que hará colapsar a nuestra sociedad.

Tristemente las palabras proféticas de este sacerdote, pronunciadas en noviembre del 2018, se hicieron realidad y nuestra sociedad occidental colapsa mientras nuestra élite, terrible, criminal y sin escrúpulos, está matando a la gente de hambre y la quiere esclavizar poniéndole un bozal como si fueran animales.

Cuando uno decide vivir dejando a un lado las pantallas, el internet y la televisión, donde la ilusión y la mentira están fríamente calculadas, lo imposible se hace posible y uno puede ser testigo de los mayores milagros. Y por eso nos quieren confinar frente a las pantallas, para que no podamos experimentar la realidad ni la verdad.

Entrada la noche, mientras el sacerdote habla sobre la venida del Espíritu Santo, una paloma blanca vuela sobre nosotros batiendo fuertemente sus alas y una exclamación de asombro se escucha entre los asistentes. ¿Será esta paloma blanca una señal profética?¿Será verdad que Dios va a abandonar a los hombres a la esclavitud, al sufrimiento y al dolor como dijo el sacerdote? Hoy, desde el confinamiento, habiendo perdido la libertad y habiéndose instaurado el gobierno del Mal, casualidad o no, la profecía ya se ha cumplido.¿Pero de quién es la culpa?¿No es acaso culpa de nosotros mismos?

Nunca olvidaré como minutos después, cuando el cura da por terminado el rosario, la paloma blanca vuelve a volar sobre nosotros agitando fuertemente sus alas dejándonos boquiabiertos.

Nuestra Señora del Rosario de Oaxaca en el Templo de Santo Domingo de Oaxaca, México.
Foto: Chico Sánchez

El Milagro

En nuestra sociedad moderna en la que los dioses son las máquinas sin alma, los presentadores de televisión, los políticos corruptos y los degenerados de los famosos, ya no queda sitio para la Humanidad, ni para la Fe, ni para los Milagros, ni para Dios.

Sin embargo, como yo soy un loco educado a la "antigua", prefiero valorar la experiencias verdaderas, vivas, únicas e imprevisibles que te regala una vida sin miedo. Prefiero las personas o los animales a las imágenes en una pantalla.

Dicho de otro modo: Prefiero creer en el milagro de la vida a creer en las mentiras de los políticos.

Y hablando de Milagros, en el Museo de la Basílica de Guadalupe, en la Ciudad de México hay un cuadro en el que aparece el primer milagro de Nuestra Señora de Guadalupe, la Virgen del Tepeyac. En este cuadro se muestra una fiesta dedicada a Nuestra Señora de Guadalupe, conocida como "mitote", donde los mexicas están rememorando una victoria sobre sus enemigos los Chichimecas. En medio de la simulación de la batalla un guerrero recibe por accidente un flechazo en el pecho y moribundo es llevado ante la imagen de Nuestra Señora de Guadalupe donde sana milagrosamente delante de miles de testigos.

Sobre la primera aparición de Nuestra Señora de Guadalupe se cuenta que un día el indio chichimeca San Juan Diego Cuauhtlatoatzin fue atraído hasta un cerro por el canto de muchas aves en el cual se le apareció Nuestra Señora de Guadalupe.

Lo fascinante de esta historia es que los pájaros que cantaron aquel día en el cerro y llevaron a San Juan Diego a encontrarse con la Virgen del Tepeyac son unas aves mexicanas que tienen en sus plumas los tres colores de la bandera mexicana: El verde, blanco y rojo.

Este hecho resulta fascinante porque los tres colores que tiene este pájaro mexicano en sus plumas corresponden a las tres virtudes teologales: El verde de la esperanza, el blanco de la fe y el rojo de la caridad.

Debió ser impresionante el momento en el que los religiosos españoles, conocedores de este lenguaje, vieron que las aves que llevaron a San Juan Diego a encontrarse con Nuestra Señora de Guadalupe tenían los mismos colores que las virtudes teologales.

Estos colores, los de la Fe, la Esperanza y la Caridad, colores de la bandera de México, son precisamente los colores que visten los guerreros mexicanos que aparecen en este cuadro del "mitote" que puedes visitar en el Museo de la Basílica de Guadalupe de la Ciudad de México.

Guerreros mexicanos presentes en la conmemoración del milagro del "mitote". Museo de la Basílica de Nuestra Señora de Guadalupe. Foto: Chico Sánchez.

Las regiones celestes

Después de la unión de las culturas indígena y española bajo la bandera del catolicismo, Nueva España, hoy México, el Virreinato del Perú y España se convirtieron en los países más ricos y poderosos del mundo.

Sin embargo, poco a poco, los enemigos de la hispanidad, con mentiras y manipulaciones, lograron que las nuevas generaciones de españoles y americanos, ignorantes de su pasado y su riqueza cultural, renunciaran a su glorioso pasado común, a su hermandad de sangre y a su propia identidad.

El mayor milagro de Nuestra Señora de Guadalupe fue que logró que dos pueblos completamente diferentes, el español y el indígena, se unieran en un solo país, mezclaran su sangre y crearan una nueva raza que llegó a dominar el mundo en un imperio en el cual no se ponía el sol.

Seguro que llegando al final de este libro te preguntarás: ¿Porqué no me enseñaron estas cosas en la escuela?¿Porqué no me cuentan estas hermosas historias de hermandad en los libros, las películas, las universidades y los medios de comunicación? La respuesta es muy sencilla: Para poder dividir y destruir a Iberoamérica los poderes internacionales que gobiernan el mundo, la Sinagoga de Satanás, necesita borrar la verdadera historia.

¿Y porqué los ataques más grandes son dirigidos a Nuestra Señora de Guadalupe? Porque para poder destruir a México y a Iberoamérica sus enemigos necesitan primero destruir su principal símbolo de unión: La Madre, en la cual se basan la familia y la sociedad.

Diablo significa el que divide y Divide y Vencerás, es el lema del Reino del Mal.

Los enemigos de México y España han llegado tan lejos con sus mentiras y manipulaciones que han logrado que muchas personas odien a una parte de sí mismos en una especie de bipolaridad autodestructiva y victimista.

A los que cegados por la ignorancia y el odio intentan justificar esta locura siempre les pregunto: ¿Si mi compañera tenía una abuela purépecha y un abuelo español a cual de los dos abuelos debería odiar?¿A cual de las dos sangres debería renunciar?¿A cual parte de ella misma debería rechazar y odiar?

A las élites políticas que promueven el globalismo no le interesa la religión porque esta palabra viene de "religare" que significa "atar fuertemente con ligas" o "unir con ligas". Y bajo el estandarte de Dios o Nuestra Señora de Guadalupe, de la Virgen María, no hay colores ni clases ni distinciones, bajo ese estandarte todos son mexicanos sin importar si son indios, mestizos o blancos. Y eso es lo que temen los demonios de corbata que gobiernan el mundo: La unión de los pueblos.

Se que en estos tiempos en los que reinan la ignorancia, la estupidez, la violencia y el materialismo, mi libro está fuera de lugar, porque en esta época buscar la unión de dos pueblos hermanos como el mexicano y español está fuera de lugar.

Vivimos en un mundo gobernado por el odio y la locura, no por el amor y el interés común.

Sin embargo me alegra que la Fortuna me haya dado el privilegio de dejar plasmado la forma en la que los Amos del Mundo han enfrentado, con mentiras y manipulaciones, a dos pueblos, el mexicano y el español, que comparten la misma sangre.

Hay que recalcar que el principal enemigo de Dios, de la Unión y de la Paz, es el Diablo y que Diablo significa "el que divide" y que el reino del Diablo es la división.

Sobre el Mal que quiere reinar en el mundo en nuestros días Efesios 6:12 dice: "Porque nuestra lucha no es contra sangre y carne, sino contra principados, contra potestades, contra los poderes (gobernantes) de este mundo de tinieblas, contra las fuerzas espirituales de maldad en las regiones celestes."

Será justo antes de terminar este libro, mientras caminamos por las calles de Guanajuato, cuando mi compañera guanajuatense, Leticia, me cuenta que sus guías espirituales Estrella y Garabandal, hermanas de las Misioneras de la Caridad de la Madre Teresa de Calcuta, le enseñaron que mientras luchas contra las fuerzas espirituales de maldad que gobiernan este mundo sólo tu espíritu te puede ayudar, porque sólo tu espíritu comprender las señales que te envía el Espíritu Santo.

Es con el espíritu y no con la mente que se libra esta batalla que vivimos hoy y que predije en mis libros. Una batalla contra un Mal que trabaja sin descanso para esclavizar a la humanidad y destruir la tierra.

Sin embargo. Si existe el Mal, existe Dios. Por lo cual es muy sencillo saber donde acabará esta historia: El Mal no vencerá.

La encrucijada

Después de visitar la Basílica de Nuestra Señora del Rosario de Fátima caminamos hacia el pueblo de Ajustrel para conocer el lugar donde se le apareció el ángel del Señor a los tres pastorcitos.

Cuando llegamos a un cruce de caminos un señor se nos acerca y nos pide que lo acompañemos. El señor tiene una energía muy desagradable y una fuerte intuición me dice que no tiene buenas intenciones.

Mientras discuto con el señor llega un policía para alejarlo y en la encrucijada aparece una pequeña lagartija que en lugar de asustarse de nosotros comienza a caminar delante de nosotros como si nos estuviera acompañando.

En casi veinte años visitando selvas, desiertos y montañas he visto muchas cosas raras, pero ver a la lagartija acompañándonos hace que comprenda que Fátima es un lugar especial.

Para los nuevos seres humanos, a los que yo llamo Homo Cientontíficus o Homo Repetitivus, estas señales maravillosas y mágicas de la vida no valen nada ya que estos nuevos seres humanos, esclavos por vocación y cautivos por convicción, prefieren seguir las señales, pero las señales que les imponen obligatoriedad y prohibición.

Para estos nuevos hombres, los Homo Pokemonensis, seguir una intuición o un sueño es una estupidez, pero preguntarle al robot "Siri" cual camino deben tomar o perderse con el mapa de su teléfono obedeciendo a su espejito negro es lo "inteligente".

La pequeña lagartija nos acompaña una larga distancia hasta una escultura de Nuestra Señora del Rosario y cuando se va, damos las gracias por poder vivir la magia de la vida, esa magia que nos saca de la aburrida, deprimente y triste monotonía materialista de nuestra sociedad.

No es lo mismo vivir milagros con una lagartija en Fátima que ir por la calle chocándose contra las paredes mientras cazas pokemones en tu espejito negro.

El lugar al que nos dirigió la lagartija es el Camino del Calvario en el pueblo de Ajustrel, Fátima, Portugal. Foto: Chico Sánchez

La batalla final

Desde niño la sociedad me adoctrinó, como a todos, para creer que en la vida lo único importante es lo material, para tenerle miedo a ser libre y para no aceptar que los milagros existen. Sin embargo, después de vivir tantos extraños sucesos me pregunto: ¿Cuál es la explicación a tantas cosas extrañas que nos suceden cada día?¿Si lo sobrenatural no existe porqué tantas personas vivimos estos milagros?¿Son todas la señales que comparto en este libro simples casualidades o son obra de una fuerza superior que rige nuestros destinos?

Sobre la batalla entre el bien y el mal Apocalipsis 12:7-9 dice: "Entonces hubo guerra en el cielo: Miguel y sus ángeles combatieron contra el dragón. Y el dragón y sus ángeles lucharon, pero no pudieron vencer, ni se halló ya lugar para ellos en el cielo. Y fue arrojado el gran dragón, la serpiente antigua que se llama el diablo y Satanás, el cual engaña al mundo entero; fue arrojado a la tierra y sus ángeles fueron arrojados con él."

Y es durante una nueva visita al pueblo de San Sebastián Bernal, en Querétaro, México, donde estas palabras se cumplen cuando mi compañera señala a una nube que hay sobre la Peña de Bernal y tiene la forma de San Miguel Arcángel blandiendo su espada. ¡Que hermosa señal!

Pensando en lo importante que es para este libro fotografiar al Arcángel tomo el teléfono y por esas cosas que tiene el destino: ¡Mi celular se ha quedado sin batería!

Viéndome sin batería le pido a Leticia que tome la foto con su celular ¡Y de repente la pantalla de su teléfono se pone gris!¡Esto no nos puede suceder!¡Tenemos que tomar esa foto!

Leticia, que recuerda donde hay que tocar la pantalla para que se haga la fotografía, comienza a darle con el dedo a la pantalla gris y al final. ¡Logra tomar la fotografía!

Para los adoradores de la Religión Científica, que yo llamo Cientontífica, estos milagros ya no valen nada, para ellos lo importante son sus aburridas teorías cientontíficas y lo que les diga la televisión.

Y no importa si cada día vivimos peor, o si cada día tenemos menos libertad, o si los robots que inventan los científicos destruyen la vida de millones de personas, o si la tecnología nos esclaviza, porque para los "cientontíficos" lo importante no es la realidad ni la vida, para ellos la ciencia es su dios y por eso adoran ciegamente a sus ES-TU-DIOS.

Casualidad o no, la imagen de San Miguel que nos regaló la Peña de Bernal el 18 de enero del 2020 apareció seis días antes de que el Mal, disfrazado de virus, sembró en nuestro mundo la semilla del miedo y el terror con la intención de llevarnos a una Dictadura Científica brutal: La Era del Bozal.

Desde que se inició esta guerra psicológica en la que el Mal y la Mentira aparentemente están triunfando, muchos miles de millones de seres humanos del planeta, aterrorizados, engañados y confundidos, han renunciado a su libertad, están siendo esclavizados, se están arruinando, se han enfermado o han muerto en manos de los peores enemigos que jamás tuvo la humanidad: El miedo, la cobardía y la falta de amor.

Dijo Jesús que en la vida tenemos que hacer elecciones y que tenemos que elegir entre el Amor y el Miedo, entre la Vida y la Muerte, entre la Hermandad y el Odio, entre la Libertad y el Terror. ¿Y qué caminos elegirá la humanidad?

Mientras escribo este libro el miedo, la cobardía y el terror parecieran estar venciendo pero no pierdo la esperanza de que aquel San Miguel que vimos en la Peña de Bernal sea una señal de que al final el bien triunfará y recuperaremos nuestro valor, nuestra justicia y nuestra libertad.

San Miguel Arcángel sobre la Peña de Bernal en Querétaro, México. Foto: Leticia Ugalde.

La corona

Llegados al capítulo final quiero aclarar otra vez que este libro no es "cientontífico", ni tampoco nació de una investigación o una aspiración profesional, es por esto que reconozco que en muchas cosas, quién sabe si en muchas, podría estar equivocado.

Al llegar a Fátima, donde fui en busca de respuestas, le pregunté a Dios con mi corazón: ¿Viene un cambio de era como mis libros predicen?¿Viene acaso el Apocalipsis?¿Vendrán Cristo y la Virgen María a salvar al mundo de la perversa raza de víboras que la gobierna?¿Serán castigados los demonios que están destruyendo a la humanidad con las perversiones más aberrantes y criminales jamás imaginadas?¿Perdonará Dios a los hombres por lo que están haciendo con sus propios hijos abortándolos, pervirtiéndolos desde su niñez, corrompiéndolos sexualmente desde su infancia y destruyendo la sacralidad de la familia?

La Providencia bendice nuestra visita y cuando llegamos al Hotel Santa Isabel de Fátima su recepcionista, que se llama Miguel, nos dice que hemos sido afortunados porque nos dará ¡La "suite" que tiene la mejor vista del Santuario de Nuestra Señora de Fátima!¡Qué afortunada situación!

Gracias a este afortunado milagro podremos ver amanecer y atardecer sobre Fátima, un lugar en el que se siente una paz indescriptible.

El primer día al atardecer le pido al cielo una señal y le pregunto: ¿Sucederá lo que escribí en mis libros?¿Será que me volví loco o tengo razón cuando pienso que el mundo se está perdiendo?¿Vendrán eventos muy difíciles en los que el Mal intentará esclavizar a la humanidad privándola de su libertad?¿Intentará el Mal reinar sobre toda la tierra como dice el Apocalipsis?

Nuestro último día en Fátima, el día 19 de mayo del 2019, mientras hago las maletas pensando en que todavía no he recibido mi señal me pregunto: ¿Soy quizá un loco soñador que corre detrás de sueños vanos?¿O como dicen los ateos, simplemente Dios no existe y no recibiré ninguna Revelación?

Lo cierto es que cuando llega el atardecer nos asomamos a la terraza y cual será nuestro asombro al ver que: ¡Hay una Corona impresionante sobre el Santuario de Nuestra Señora del Rosario de Fátima! ¡Ahí está nuestra señal!¡La corona que vengo estudiando tantos años!

Apocalipsis 12:1 dice: "Y una gran señal apareció en el cielo: una mujer vestida del sol, y la luna debajo de sus pies, y sobre su cabeza una corona de doce estrellas." ¿Es esta Corona de Fátima una simple casualidad o representa a la mujer vestida de sol que menciona el Apocalipsis?

Hoy, día 27 de julio de 2020, terminado este libro, una gran parte de lo escribí se ha cumplido y miles de millones de personas, presas del terror, han cambiado su fe por angustia, su esperanza por desesperación y su valor por terror.

Gálatas 5:1 dice: "Cristo nos libertó para que vivamos en libertad. Por lo tanto, manténganse firmes y no se sometan nuevamente al yugo de esclavitud." Y viendo como una gran parte de la humanidad se dirige aterrorizada hacia su destrucción me pregunto: ¿Renunciarán por miedo los hombres a la verdad y la libertad?¿Renunciarán a vivir por su miedo a morir?¿Y olvidarán que la vida, nuestra vida, es un viaje maravilloso?

La corona sobre el santuario de Nuestra Señora del Rosario de Fátima. Foto: Chico Sánchez

Lo terminé de escribir en la Colonia del Carmen, Coyoacán, Ciudad de México, México, el 27 de Julio de 2020.

www.chicosanchez.com